# ALÉM DO BEM E DO MAL

Friedrich Nietzsche

# ALÉM DO BEM E DO MAL

## Prelúdio de uma filosofia do futuro

Tradução e notas

Carlos Duarte e Anna Duarte

MARTIN CLARET

Título original em alemã: *Jenseits von Gut und Böse — Vorspriel einer Philosophie der Zukunft* — Ein Buch für Alle und Keinen

Edição usada nesta tradução: *Beyond Good and Evil*, traduzido por Helen Zimmern, a partir do alemão, 1906.

Edição utilizada para cotejo: [Grundlage der Kristischen *Gesamtausgabe Werke*, herausgegeben von Giorgio Colli und Mazzino Montinari, Berlin/ New York, Walter de Gruyter, 1967] e [*Digitale Gesamtausgabe Werke und Briefe* – nietzschesource.org].

| | |
|---|---|
| Direção | Martin Claret |
| Produção editorial | Carolina Marani Lima<br>Mayara Zucheli |
| Direção de arte e capa | José Duarte T. de Castro |
| Diagramação | Giovana Gatti Quadrotti |
| Revisão | Marcelo Maia Torres<br>Débora Tamayose |
| Impressão e acabamento | Bartira Gráfica |

Este livro segue o novo Acordo Ortográfico da Língua Portuguesa.

**Dados Internacionais de Catalogação na Publicação (CIP)**
**(Câmara Brasileira do Livro, SP, Brasil)**

Nietzsche, Friedrich Wilhelm, 1844-1900
Além do bem e do mal / Friedrich Wilhelm Nietzsche; tradução Carlos Duarte e Anna Duarte. — 1. ed. – São Paulo: Martin Claret, 2015.

Título original: *Jenseits von Gut und Böse*
ISBN 978-85-440-0055-7

1. Bem e mal 2. Filosofia alemã I. Título. II. Série.

13-03142 CDD-193

Índices para catálogo sistemático:

1. Alemanha: Filosofia 193
2. Filosofia alemã 193
3. Filósofos alemães 193

EDITORA MARTIN CLARET LTDA.
Rua Alegrete, 62 — Bairro Sumaré — CEP: 01254-010 — São Paulo — SP
Tel.: (11) 3672-8144
www.martinclaret.com.br
3ª reimpressão - 2023

# Sumário

# Prefácio do Autor

Supondo-se que a verdade seja uma mulher — como? Não há bases para a suspeição de que todos os filósofos, até onde foram levados por seu dogmatismo, tenham deixado de entender as mulheres — que a terrível seriedade e a desastrosa indiscrição com a qual sempre abrigaram a Verdade, foram métodos inábeis e impróprios para conquistar uma mulher? Certamente foi ela que nunca se permitiu ser conquistada; e, atualmente, qualquer espécie de dogmatismo se sustenta de pé com um semblante triste e desanimado — Se é que, de fato, ele ainda consegue ficar de pé! Porque há os zombadores que insistem em afirmar que ele caiu, que todo o dogmatismo caiu por terra — mais ainda, que está mesmo em seu último suspiro. Mas, para falar sério, há boas razões para esperar que toda dogmatização em filosofia, mesmo solene, mesmo com os ares conclusivos e decisivos que assumiu, não tenha passado apenas de nobre infantilidade; e provavelmente esteja próximo o tempo em que cada vez mais se compreenderá o que na realidade foi suficiente para servir de base para as imponentes e irrepreensíveis construções filosóficas que foram erguidas pelos dogmáticos: talvez alguma superstição popular de tempos imemoriais (tal como a superstição da alma que ainda causa danos como superstição do "sujeito" e do "eu"): talvez um jogo de palavras, ou alguns enganos por parte da gramática, ou uma generalização deveras audaciosa de fatos restritos, muito pessoais, muito humanos — todos eles extremamente humanos. Esperamos que a filosofia dos dogmáticos tenha sido apenas uma promessa ao longo dos milênios como o foi a astrologia em tempos mais antigos, para cujo serviço dispendeu mais trabalho, talvez mais dinheiro, genialidade e paciência do que em qualquer ciência verdadeira até o momento: devemos a ela e às suas pretensões "supraterrenas" na Ásia e no Egito o estilo grandioso da arquitetura. Parece que todas as grandes coisas para inscrever-se no coração da humanidade, com seus eternos requisitos, tiveram que vaguear primeiro sobre a terra como caricaturas enormes e grotescas: a filosofia dogmática foi uma caricatura desse tipo — como, por exemplo, a doutrina vedanta na Ásia e o platonismo na Europa. Contudo, não sejamos ingratos para com elas, embora se deva confessar que certamente o pior, mais exaustivo e mais perigoso dos erros até o presente momento, tenha sido o erro de um dogmático — a saber, a invenção platônica do puro espírito e do bem em si mesmo. Porém — agora que isso foi superado e a Europa está liberta desse pesadelo e volta a respirar livremente e pelo menos pode desfrutar um sono saudável — somos nós, *CUJO DEVER É PERMANECER EM VIGÍLIA*, os herdeiros de toda a força que a luta contra esse erro tem fomentado. E isso significou, com efeito, a total inversão da verdade e a negação da *PERSPECTIVA* — a condição fundamental da vida — para falar do Espírito e do Bem como deles falou Platão; e por certo se pode perguntar tal qual um médico: "Como é que tal moléstia atacou Platão, o melhor produto da antiguidade? Teria sido o perverso Sócrates que realmente o corrompeu? Afinal, Sócrates foi mesmo um corruptor de jovens e mereceu a sua cicuta?" Mas a luta contra Platão, ou — para falar com mais simplicidade e para o "povo"— a luta de milênios contra a opressão eclesiástica (já que o Cristianismo é o Platonismo para o "povo"), produziu na Europa uma magnífica tensão de espírito que jamais houve em lugar algum da Terra; como um arco distendido de tal modo que agora se podem divisar alvos mais distantes. Na realidade, o europeu sentiu essa tensão como um estado de angústia, e por duas vezes foram feitas tentativas em grande estilo para afrouxar o arco: a primeira vez por meio do jesuitismo, e a segunda por meio do esclarecimento democrático — que, com o auxílio da liberdade de imprensa e da leitura de jornais, pôde, de fato, fazer com que o espírito não caísse facilmente em "angústia"! (Os alemães inventaram a pólvora — bravo! para eles. Mas se enquadraram de novo ao inventar a imprensa.) Entretanto, nós que não somos nem jesuítas e nem democratas, nem tampouco alemães o bastante, nós, *BONS EUROPEUS* e espíritos livres, *MUITO* livres — ainda temos conosco toda a angústia de espírito e toda a tensão de seu arco! E talvez também a flecha, a tarefa, e — quem sabe? — *o alvo*...

Sils Maria, Alta Engadine, junho de 1885.

# Além do bem e do mal

# PRIMEIRA PARTE

## DOS PRECONCEITOS DOS FILÓSOFOS

1 — A vontade de verdade que é feita para nos induzir aos mais arriscados empreendimentos, a famosa veracidade da qual todos os filósofos, até agora, falaram com respeito: quantas questões essa vontade de verdade já não colocou diante de nós! Estranhas, desconcertantes e controversas questões! Trata-se de uma história que já percorreu um longo caminho; embora tenha ares de que apenas começou. É de causar surpresa que finalmente tenha crescido a nossa desconfiança, que tenhamos perdido a paciência, virado as costas e ido embora? Se, no fim das contas, essa esfinge nos ensina como nos questionar? *Quem* realmente nos interroga por aqui? O *que* em nós é realmente essa "vontade de verdade"? De fato, durante muito tempo ficamos paralisados diante da questão da origem dessa vontade — até chegar, afinal, a um impasse absoluto diante de uma questão ainda mais fundamental. Indagamo-nos sobre o *valor* dessa vontade. Admitimos querer a verdade: *por que não* um tanto de inverdade? Ou de incerteza? Até mesmo de ignorância? O problema do valor da verdade se apresentou diante de nós — ou fomos nós que nos apresentamos diante dele? Quem aqui é o Édipo? Quem é a Esfinge? Isso parece ser um encontro entre perguntas e dúvidas de um interrogatório. E,

por fim, poder-se-ia até acreditar que o problema nunca foi apresentado antes, como se fôssemos os primeiros a percebê-lo, a vislumbrá-lo e a abordá-lo arriscadamente? Porque há um risco aqui, e talvez não haja maior.

2 — *Como poderia* uma coisa ser originária de seu oposto? Por exemplo, a verdade do erro? Ou a vontade de verdade da vontade de engano? O ato altruísta do interesse pessoal? Ou a visão pura e fulgurante do sábio da cobiça? Tal origem é impossível; e quem quer que com ela sonhe não passa de um tolo, não, pior do que um tolo; as coisas de maior valor devem ter uma origem singular, devem ter sua origem *própria* — não podem ser derivadas deste mundo efêmero, sedutor, ilusório e desprezível, deste turbilhão de ilusão e cobiça! Devem se originar, de preferência, do regaço do Ser, do intransitório, do deus oculto, da "coisa em si"— aí é que *deve* estar sua origem e em nenhum outro lugar! — Esse modo de raciocinar revela o típico preconceito com o qual metafísicos de todos os tempos podem ser reconhecidos, esse modo de valoração está por trás do procedimento lógico de todos eles; e é por conta de tal "crença" que eles se esforçam em obter o "conhecimento" de algo que, por fim, é batizado solenemente de "verdade". A crença fundamental dos metafísicos é *A crença na antítese dos valores*. Jamais ocorreu, nem mesmo aos mais cautelosos dentre eles, a menor dúvida desde o começo (onde a dúvida, no entanto, seria mais necessária); embora tenham feito um solene

voto, "*De omnibus dubitandum*". Primeiro deve-se duvidar se a antítese realmente existe; e, em seguida, se as valorações e as antíteses de valor populares, sobre as quais os metafísicos haviam colocado o seu selo, não são, talvez, somente avaliações superficiais, somente perspectivas provisórias, além de terem sido vistas sob algum ângulo, talvez de baixo para cima — "perspectivas de rã", por assim dizer, tomando emprestada uma expressão corrente entre os pintores. A despeito de todo o valor que possa ser concedido ao verdadeiro, ao positivo e ao altruísta, não é de todo impossível que um valor mais alto e mais fundamental para a vida possa ser atribuído à ambição, à vontade de engano, ao interesse pessoal e à cupidez. Pode ser até que *aquilo* que constitui o valor dessas coisas boas e respeitadas consista justamente no fato de estarem todas relacionadas entre si de forma insidiosa, atadas umas às outra e envolvidas com coisas más e aparentemente opostas — talvez até pelo fato de serem, em essência, idênticas a elas. Talvez! — Mas quem é que deseja preocupar-se com tais "Talvezes" perigosos! Para tal investigação é preciso se esperar pelo advento de uma nova ordem de filósofos, com outros gostos e inclinações, o inverso daqueles que até então prevalecem — filósofos do "Talvez" perigoso, em todos os sentidos do termo. E para falar com toda a seriedade, vejo que esses novos filósofos começam a surgir.

3 — Tendo mantido de perto uma vigilância aos filósofos e tendo lido as suas entrelinhas por um tempo

mais que suficiente, posso tranquilamente dizer a mim mesmo que a maior parte do pensamento consciente deve ser considerada entre as funções instintivas, mesmo no caso do pensamento filosófico; aqui se deve aprender de novo, como alguém aprendeu de novo sobre hereditariedade e sobre o que é inato. O ato do nascimento é levado tão pouco em consideração em todo o processo e procedimento da hereditariedade quanto o "ser consciente" é *oposto* ao instintivo em qualquer sentido decisivo; em sua maior parte, o pensamento consciente de um filósofo é secretamente influenciado por seus instintos e forçado por canais definidos. E por detrás de toda lógica e de sua aparente soberania de movimentos, há valorações, ou para falar com mais clareza, exigências fisiológicas necessárias à manutenção de um modo de vida determinado. Por exemplo, a de que o certo vale mais que o incerto, que a ilusão é menos valiosa que a "verdade", tais avaliações, a despeito da importância reguladora que têm para *nós*, podem apenas ser avaliações superficiais, tipos peculiares de *niaiserie,*[1] como também podem ser necessárias para a manutenção dos seres como nós. Supondo, com efeito, que o homem não seja a única "medida de todas as coisas".

4 — A falsidade de um juízo para nós não significa objeção alguma contra ele; e é bem aqui que, talvez, a nossa nova linguagem soe da forma mais estranha.

---

[1] Em francês: "tolice"; "insensatez".

A questão é até que ponto ele é capaz de servir para a promoção da vida, para a sua preservação e das suas espécies e talvez da criação das espécies. Estamos fundamentalmente inclinados a sustentar que os juízos mais falsos (aos quais pertencem os juízos sintéticos *a priori*), são indispensáveis para nós. Não poderíamos viver sem o reconhecimento das ficções lógicas, sem a comparação entre a realidade e o mundo puramente imaginação do absoluto e imutável, sem uma falsificação constante do mundo através de números — pois renunciar aos falsos juízos poderia ser renunciar à vida, uma negação da vida. Reconhecer a inverdade como uma condição da vida: com certeza é impugnar de uma forma perigosa os sentimentos tradicionais de valoração; e uma filosofia que se aventura a fazê-lo se coloca, dessa forma, além do bem e do mal.

5 — O que leva todos os filósofos a serem olhados com certa desconfiança e ironia não é o fato percebido, repetidas vezes, de como são inocentes — com que frequência e facilidade cometem erros e perdem o fio da meada, em suma, de como são infantis — mas sim de que não há confiança em sua honestidade, uma vez que todos se erguem num ruidoso e veemente protesto quando se toca, ainda que de forma remota, no problema da veracidade. Todos eles agem como se suas próprias opiniões tivessem sido descobertas e alcançadas através de uma dialética pura e fria, divinamente indiferente (em contraste com todos os tipos de místico que, mais honestos

e mais rudes, falam de "inspiração"), quando de fato, uma proposição preconceituosa, ideia ou "inspiração", geralmente seu desejo de coração, abstrato e refinado, é defendido por eles com argumentos obtidos após o evento — são todos advogados que não desejam ser considerados como tal, e em geral são astutos defensores também de seus próprios preconceitos que chamam de "verdades" —, e *muito* longe de ter uma consciência que corajosamente admite isso para si, muito longe de ter o bom gosto da coragem que vai o mais longe que puder para ser compreendida, talvez para alertar um amigo ou um inimigo ou por se alegrar confiante ao ser capaz de ridicularizar a si própria. O espetáculo de tartufice do velho Kant, igualmente duro e decoroso, com o qual ele nos alicia pelos caminhos da dialética (melhor dizendo: descaminhos) que levam ao seu "imperativo categórico" — nós, exigentes, que não encontramos qualquer pequena diversão em apreciar os truques sutis dos velhos moralistas e pregadores éticos, sorrimos. Ou, mais ainda, o *hocus pocus*[2] de forma matemática, por meio da qual Espinosa tem, por assim dizer, revestido a sua filosofia com armadura e máscara — em verdade, o "amor de sua sabedoria", para traduzir o termo de modo justo e direto — com a finalidade imediata de infundir o terror no coração do assaltante que se atrevesse a lançar um olhar sobre aquela donzela invencível, a Pallas Athena: — quanta

---

[2] Expressão pseudolatina do século XIV (*Haxpaxmaz*) cujo significado é "passe de mágica"; "abracadabra".

timidez pessoal e vulnerabilidade não revela essa fantochada de um doente recluso!

6 — Pouco a pouco se tornou claro para mim o que toda grande filosofia até agora tem sido: — a saber, a confissão de seu criador, e uma espécie de autobiografia involuntária e inconsciente; e, além disso, que a intenção moral (ou imoral) em toda filosofia sempre constituiu o verdadeiro germe da vida a partir do qual se originou a planta inteira. De fato, para entender como as obscuras afirmações metafísicas do filósofo realmente surgiram, é sempre bom (e sensato) se perguntar primeiro: "A qual moral elas (ou *ele*) se referem?" Assim, não acredito que "um impulso instintivo de conhecimento" seja o pai da filosofia; mas que outro impulso, aqui como alhures, tem apenas se utilizado do conhecimento (e do conhecimento equivocado!) como um mero instrumento. Mas quem considerar os impulsos fundamentais do homem com a finalidade de determinar quão longe eles teriam atuado como GÊNIOS *INSPIRADORES* (ou como demônios e duendes) descobrirá que todos praticaram a filosofia, em um ou outro momento, e que cada um deles ficaria bastante feliz somente em olhar para si mesmo como o fim supremo da existência e o *SENHOR* legítimo de todos os outros impulsos. Porque todo impulso é imperioso e, como *TAL*, tenta filosofar. Com certeza, no caso dos eruditos, no caso dos verdadeiros homens de ciências, pode ser diferente — "melhor", se assim o desejarem; entre eles pode realmente haver algo como um "impulso ao conhecimento", uma espécie

de pequeno mecanismo independente de relógio que, quando se dá corda, funciona diligentemente para aquele fim, *SEM* que o resto dos impulsos desses sábios interfira materialmente no processo. Em geral, os "reais interesses" do sábio estão, portanto, voltados em outra direção — talvez na família, ou talvez no ganho de dinheiro, ou na política; e, de fato, é quase indiferente em que área da pesquisa a sua pequena máquina é colocada, ou se o jovem operário esperançoso se torne um bom filólogo, um especialista em cogumelos, ou um químico; ele não se destaca por se tornar isso ou aquilo. Pelo contrário, no filósofo, não há nada que seja absolutamente impessoal; e, acima de tudo, a sua moral fornece um testemunho decidido e decisivo de *QUEM ELE É* — isto é, em que ordem os impulsos mais profundos de sua natureza se colocam em relação uns aos outros.

7 — Quão pérfidos podem ser os filósofos! Não conheço nada mais pungente do que a anedota que Epicuro tomou a liberdade de fazer sobre Platão e os platônicos; ele os chamou de *Dionysiokolakes*. À primeira vista, em seu sentido original, a palavra significa "Aduladores de Dionísio" — consequentemente, guarda-costas de déspotas e aduladores; além disso, é a mesma coisa que dizer "Eles são todos *ATORES*, não há nada de verdadeiro neles" (pois *Dionysokolax* era a palavra popular usada para designar os atores). E nesta última denominação, na realidade, encontra-se a difamação maligna que Epicuro lançou sobre Platão: ele andava irritado com o modo

grandioso e a *mise-en-scène* que Platão e seus discípulos dominavam com mestria — e dos quais Epicuro não era um mestre! Ele, o velho mestre-escola de Samos que ficou escondido em seu pequeno jardim em Atenas e escreveu trezentos livros, quem sabe? Talvez dominado pela raiva e pela inveja ambiciosa de Platão? A Grécia levou cem anos para descobrir quem realmente foi Epicuro, o deus do jardim. E, de fato, descobriu?

8 — Há um ponto em toda a filosofia no qual a "convicção" do filósofo surge em cena, ou, para usar as palavras de um mistério antigo:

*adventavit asinus,*
*pulcher et fortissimus.*[3]

9 — Querem *VIVER* "conforme a Natureza?" Ó nobres estoicos, que fraude há nessas palavras! Imagine um ser tal como a natureza, vastamente pródigo, vastamente indiferente, sem propósito ou consideração, sem piedade ou justiça, fecundo, estéril e incerto ao mesmo tempo; imagine a própria indiferença como um poder — como *PODERIAM* viver de acordo com tamanha indiferença? Viver — não é senão empenhar-se em ser diverso desta Natureza? Não é viver a valoração e a escolha que prefere a injustiça e a limitação porque se esforça em ser diferente? E ao garantir que seu imperativo "viver conforme a Natureza" significa de fato o mesmo que "viver conforme a vida" — como

[3] Citação em latim: "Chegou o asno belo e muito forte".

poderiam *não* fazer isso? Para que se deve estabelecer um preceito do que vocês são e do que devem ser? Na realidade, entretanto, o que acontece é quase o inverso: enquanto fingem ler com enlevo os cânones de sua lei na Natureza, vocês querem algo quase contrário, vocês, atores extraordinários e repletos de ilusão! Em seu orgulho, desejam ditar e incorporar sua moral e seus ideais à Natureza, à própria Natureza; vocês insistem que a Natureza deva ser "conforme Stoa", e gostariam que tudo o mais fosse feito à sua imagem, como uma vasta e eterna glorificação e generalização do estoicismo! Com todo o seu amor à verdade, durante muito tempo vocês se obrigaram, com tamanha persistência e rigidez hipnótica, a ver a Natureza de *MODO FALSO*, ou seja, estoicamente, que não são mais capazes de vê-la de maneira diferente — e para coroar tudo, alguma arrogância insondável lhes dá a esperança lunática de que, *PELO FATO* de saberem tiranizar a vocês próprios — o estoicismo é autotirânico —, também a Natureza se deixará tiranizar: pois o estoico não é uma *PARTE* da Natureza?... Mas esta é uma história antiga e eterna: o que ocorreu outrora aos estoicos continua a ocorrer ainda hoje, assim que uma filosofia começa a crer em si mesma. Ela sempre cria o mundo à sua imagem; e não consegue fazer de outra forma; filosofia é esse impulso tirânico em si, a mais espiritual vontade de potência, a vontade de "criação do mundo", vontade de *causa prima*.

10 — A ânsia e a sutileza, eu poderia quase dizer: a astúcia com a qual o problema "do mundo real e

do mundo aparente" é tratado atualmente por toda a Europa fornece alimento para o pensar e o escutar; e aquele que ouve apenas uma "vontade de verdade" ao fundo e nada mais certamente não goza da mais aguda audição. Em casos raros e isolados, pode ter acontecido que tal vontade de verdade — uma prova extravagante e aventureira de coragem, ambição metafísica pela esperança vã — tenha, inclusive, uma participação: mas que afinal terminará dando mais preferência a um punhado de "certeza" a um vagão lotado de belas possibilidades; caso haja fanáticos puritanos da consciência que prefiram lançar-se sobre um nada seguro em algo incerto. Mas isso é niilismo, e sinal de uma alma em desespero mortalmente esgotada: não obstante a coragem que tal virtude possa apresentar. Parece, no entanto, ser de outra forma entre pensadores fortes e vigorosos que ainda estão cheios de vida. Quando tais pensadores se colocam *CONTRA* a aparência e falam de "perspectiva" com altivez, ao conceder aos próprios corpos tão baixa credibilidade quanto à evidência visual de que "a terra está calma" e então, aparentemente, permitindo que lhes escape, com satisfação interior, as suas posses mais seguras (no que alguém acredita com mais firmeza nos dias de hoje do que em seu próprio corpo?) —, quem sabe se eles não estão realmente tentando reconquistar algo que antigamente era uma de suas posses ainda mais seguras, algo do velho domínio da fé dos tempos de outrora, talvez a "alma imortal", talvez "o velho Deus", em suma, ideias com as quais seria possível viver melhor, ou seja, de mais vigoroso e alegre que com as "ideias modernas" de hoje? Há *DESCONFIANÇA* dessas ideias modernas nesse modo de ver as coisas, uma descrença em tudo o que foi construído ontem e hoje; há talvez alguma leve mistura de saciedade e desprezo incapaz de suportar por mais tempo o *bric-a-brac* de conceitos das mais diversas origens, como as que o chamado positivismo oferta ao mercado nos dias de hoje; há uma aversão do gosto mais refinado face à miscelânea da feira colorida e inconsistência de todos esses "filosofastros da realidade", nos quais não há nada de novo e de autêntico, exceto essa mixórdia. Nesse aspecto quero crer que devemos concordar com os céticos antirrealistas e com os microscopistas do conhecimento de hoje em dia; o instinto, que os afasta da realidade *MODERNA*, é irrefutável — o que importam, a nós, os seus caminhos retrógrados! O essencial neles é que *NÃO* desejam "voltar atrás", mas, sim, ir *EMBORA*. Um pouco *MAIS* de força, impulso, coragem, e senso artístico, e eles iriam *ALÉM* — e não para trás!

11 — Atualmente, a mim me parece que há por toda parte uma tentativa de desviar a atenção da genuína influência que Kant exerceu na filosofia alemã, e, sobretudo ignorar prudentemente o valor que ele arrogou como seu. Em primeiro lugar, Kant era quem mais se orgulhava de sua tábua de categorias; com ela na mão ele dizia: "Esta é a coisa mais difícil que jamais poderia ser realizada em prol da metafísica". Deixe-nos entender, contudo,

esse "poderia ser"! Ele se sentia orgulhoso de ter *DESCOBERTO* uma nova faculdade no homem, a faculdade dos juízos sintéticos *a priori*. Mesmo admitindo que estivesse equivocado quanto a isso, o desenvolvimento e o rápido florescimento da filosofia alemã dependeram, todavia, desse orgulho e da impetuosa competição da geração mais jovem em descobrir, se possível, alguma coisa nova — em todas as circunstâncias, "novas habilidades" — da qual se pudesse ter mais orgulho ainda! — Mas reflitamos por alguns instantes — já era tempo! "De que maneira os juízos sintéticos *a priori* são *POSSÍVEIS*?" Kant se pergunta — e qual foi na verdade a sua resposta? "Pela faculdade de uma faculdade" — infelizmente não usou apenas cinco palavras, porém, tão elaborado, tão imponente em sua demonstração de profundidade e de floreios verbais que se perde de vista por completo a *niaiserie allemande*[4] cômica que estava contida em tal resposta. As pessoas encantadas com essa nova faculdade ficaram fora de si, e o júbilo chegou ao seu clímax quando Kant descobriu além de tudo uma faculdade moral no homem — pois naquela época os alemães ainda eram morais e ainda não tinham se envolvido com o "realismo-político". A lua de mel da filosofia alemã havia chegado. Todos os jovens teólogos dos seminários de Tübingen foram imedia-tamente para dentro das florestas — todos em busca de "faculdades". E o que não encontraram

---

[4] Em francês: "insensatez alemã".

— durante esse período inocente, rico, e ainda tão jovem do espírito alemão em que o romantismo, a fada maligna, tocava a flauta e dançava, quando ainda não se sabia distinguir entre "descoberta" e "invenção"! Acima de tudo descobriram uma faculdade para o "suprassensível": Schelling a batizou de intuição intelectual, e desse modo satisfez os anseios mais sinceros da inclinação naturalmente piedosa dos alemães. Ninguém poderia cometer maior injustiça contra esse movimento excêntrico e exuberante (que era pura juventude, embora tivesse disfarçado a ousadia por detrás de concepções cinzentas e senis) do que levá-lo a sério, ou mesmo tratá-lo com indignação moral. Entretanto, basta — o mundo ficou mais velho, e o sonho voou para longe. Chegou o momento em que as pessoas coçaram a cabeça como fazem até hoje. Elas haviam sonhado e antes delas, em primeiro lugar, sonhara o velho Kant — "Pela faculdade de uma faculdade" — disse ele, ou pelo menos quis dizer. Mas, isso é uma resposta? Uma explicação? Ou não seria mera repetição da pergunta? Como é que o ópio induz ao sono? "Pela faculdade de uma faculdade", isto é, a *virtus dormitiva*, responde o médico de Molière:

*quia est in eo virtus dormitiva*
*cujus est natura sensus assoupire.*[5]

---

[5] Citação em latim: "porque há nele uma faculdade dormitiva, cuja natureza é entorpecer os sentidos".

Mas tais respostas pertencem ao reino da comédia e já passa da hora de substituir a pergunta kantiana, "como são possíveis os juízos sintéticos *a priori*?" por outra, "por que é *necessário* acreditar em tais juízos?" — com efeito, já é tempo de se compreender, pelo bem da preservação de seres como nós, é preciso crer que tais juízos são verdadeiros; embora, naturalmente, eles possam ser também juízos *falsos*! Ou falando de forma mais direta, rude e crua — juízos sintéticos *a priori* não deveriam "ser possíveis" de maneira alguma; não temos direito a eles; em nossas bocas não passam de juízos falsos. Somente, é claro, a crença em sua verdade é necessária, como uma crença plausível e evidência ocular pertence à óptica de perspectivas da vida. E finalmente, para chamar a atenção da enorme influência que a "filosofia alemã" — eu espero que se entenda o seu direito às aspas — tem exercido através de toda a Europa, e não há dúvida de que certa *virtus dormitiva* teve participação nisso; os nobres ociosos, os virtuosos, os místicos, os artistas, cristãos de três quartos e obscurantistas políticos de todas as nações ficaram arrebatados ao encontrar, graças à filosofia alemã, um antídoto contra o sensualismo avassalador que ainda transbordava do século anterior para este, em suma — "*sensus assoupire*"...

12 — Quanto ao atomismo materialista, ele traz uma das mais bem refutadas teorias que já foram apresentadas; talvez na Europa de agora não haja no mundo erudito ninguém tão inculto a ponto de

lhe dar um significado sério, exceto um uso diário conveniente (como uma abreviatura dos meios de expressão) — graças, principalmente, ao polonês Boscovich: ele e o polonês Copérnico foram os dois maiores oponentes à evidência ocular. Enquanto Copérnico nos persuadiu a crer, contra todo o bom senso, que a Terra *NÃO* está parada, Boscovich nos ensinou a abjurar a crença na última parte da Terra que "se mantinha firme"— a crença na "substância", na "matéria", no *residuum* da Terra, na partícula do átomo: o maior triunfo sobre os sentidos que até então se alcançou na Terra. No entanto, deve-se ir ainda mais longe e, então, declarar guerra, uma guerra implacável de armas brancas contra as "necessidades atomistas" que ainda gozam de uma sobrevida perigosa em lugares insuspeitos, como acontece com as mais afamadas "necessidades metafísicas": deve-se, sobretudo, dar o golpe final em outro atomismo mais desastroso, que o cristianismo vem ensinando primorosamente durante um longo tempo, o *ATOMISMO DA ALMA*. Que me seja permitido designar por essa expressão a crença que converte a alma em algo indestrutível, eterno, indivisível, como uma mônada, como um *atomon*: *desta* crença deveria se ver livre a ciência! Cá entre nós, não é de todo necessário se livrar da "alma" desse modo radical e assim renunciar a uma das mais antigas e mais veneradas hipóteses sobre ela — como acontece com frequência com os naturalistas cuja inabilidade faz com que percam a alma tão logo acabam de tocá-la. Mas o caminho está aberto para novas aceitações e refinamentos da hipótese da alma; e conceitos tais como a da "alma mortal", da "alma como multiplicidade do sujeito" e da "alma como estrutura social de impulsos e afetos" desejam doravante legitimar sua cidadania na ciência. Através disso, o *NOVO* psicólogo enveredou por um novo deserto e uma nova desconfiança e está prestes a colocar um fim às superstições que até agora têm vicejado com uma luxúria quase tropical em torno da ideia da alma — é provável que os velhos psicólogos tenham vivido um tempo mais divertido e mais confortável do que esse —: e eventualmente, talvez por causa desse fato é que o novo psicólogo seja compelido e condenado a *INVENTAR* e talvez — quem sabe? — também a *DESCOBRIR*.

13 — Os fisiologistas deveriam refletir antes de conferir à autoconservação o instinto cardinal de um ser orgânico. Um ser vivente procura, acima de tudo, *DESCARREGAR* sua força — a própria vida é a *VONTADE DE POTÊNCIA*; a autopreservação é apenas uma das mais indiretas e frequentes consequências disso. Em suma, aqui como em qualquer lugar, devemos ter cuidado com os princípios teleológicos *SUPÉRFLUOS*! — um dos quais é o da autopreservação (devemos isso à inconsequência de Espinosa). É assim, com efeito, exigido pelo método que deve seguir essencialmente uma economia de princípios.

14 — Talvez esteja começando a despontar em cinco ou seis mentes que a física natural é apenas uma interpretação e disposição do mundo (que

está em concordância conosco, se é que posso falar assim!), e *NÃO* uma explicação do mundo; mas, na medida em que ela se baseia na crença dos sentidos, torna-se a mais bem cotada, e assim por um longo tempo será ainda mais prestigiada — ou seja, como uma explicação. Ela tem olhos e dedos próprios, tem evidência ocular e é tangível: isso lhe confere um resultado fascinante, persuasivo e *CONVINCENTE* sobre uma era de gostos fundamentalmente plebeus — de fato, segue-se, instintivamente, o cânone da verdade e do eterno sensualismo popular. O que é claro, o que é "esclarecedor"? Somente o que pode ser visto e tocado — é preciso que se leve cada problema até esse ponto. Em sua oposição, entretanto, estava o encanto do pensamento platônico que era um modo *ARISTOCRÁTICO* de se pensar e que consistiu precisamente na *RESISTÊNCIA* à evidência óbvia dos sentidos — talvez, entre homens que desfrutavam sentidos até mais fortes e exigentes do que os dos nossos homens contemporâneos, mas que sabiam como encontrar um triunfo maior em permanecer mestre desses sentidos; por meios de redes conceituais pálidas, frias e cinzentas lançadas sobre o turbilhão heterogêneo de sentidos — a turba de sentidos, como disse Platão. Havia um *PRAZER* diferente daquele que os físicos de hoje nos oferecem nessa superação e interpretação do mundo à maneira de Platão — ou dos darwinistas e dos antiteleólogos entre os trabalhadores da fisiologia com seu princípio do "menor esforço possível", e da maior estupidez possível. "Onde não há mais nada para ver ou alcançar, também não há nada mais a ser feito pelos homens" — que é com certeza um imperativo diferente do platônico, mas, não obstante, pode ser o imperativo direito para uma classe atrevida e laboriosa de mecânicos e construtores das pontes do futuro, que não têm outra coisa senão trabalho *DURO* a realizar.

15 — Para estudar a fisiologia com clareza de consciência, é preciso se insistir no fato de que os órgãos dos sentidos não são fenômenos como estabelece a filosofia idealista; e como tal, certamente não poderiam ser tratados como causa! Portanto, o sensualismo deve ser tratado pelo menos como hipótese reguladora, senão como princípio heurístico. Como? E os outros ainda dizem que o mundo externo é a obra de nossos órgãos? Mas, então, nosso corpo como parte desse mundo exterior seria obra de nossos órgãos! E então nossos próprios órgãos seriam obras de nossos órgãos! A mim parece que isso é uma completa *REDUCTIO AD ABSURDUM*[6] se a concepção de *CAUSA SUI*[7] é algo de fundamentalmente absurdo. Consequentemente, o mundo externo *NÃO* é obra de nossos órgãos?

16 — Há ainda observadores inofensivos de si próprios que acreditam na existência de "certezas imediatas"; por exemplo, "eu penso", ou como o "eu quero" da superstição de Schopenhauer; como se

---

[6] Em latim: "redução ao absurdo".
[7] Em latim: "em causa própria".

aqui a cognição sustentasse seu objeto pura e simplesmente como "uma coisa em si", sem que qualquer falsificação pudesse ocorrer por parte do sujeito ou do objeto. Eu gostaria de repeti-lo, no entanto, uma centena de vezes, que "certeza imediata", assim como o "conhecimento absoluto" e a "coisa em si", envolve uma *CONTRADICTIO IN ADJECTO*;[8] nós realmente deveríamos nos livrar do significado das palavras enganosas! Como o povo acredita que o conhecimento é a conclusão do saber, o filósofo deve dizer a si próprio: quando analiso o processo expresso numa sentença, "eu penso", encontro uma série de afirmações ousadas, a prova argumentativa do que poderia ser difícil, talvez impossível: por exemplo, que *sou* quem pensa, que o pensamento (*denken* em alemão) é uma atividade e uma ação por parte de um ser que é considerado como uma causa, que existe um "Eu", e finalmente que já foi determinado o que deve ser designado pelo pensamento — que eu *SEI* o que o pensamento significa. Pois se eu já não me tivesse decidido comigo mesmo que é, em qual padrão eu poderia me basear para saber se aquilo que está acontecendo não é talvez "querer" ou "sentir"? Em resumo, a asserção "eu penso" dá a entender que *COMPARO* meu estado no presente momento com outros estados meus que conheço, a fim de determinar o que ele é; por conta dessa conexão retrospectiva com um "saber" complementar que não traz nenhuma

---

[8] Em latim: "contradição no adjetivo".

"certeza imediata" para mim" — No lugar da "certeza imediata" na qual o povo pode acreditar nesse caso em particular, o filósofo detecta uma série de questões metafísicas que lhe foram apresentadas, verdadeiras questões de consciência para o intelecto, ou seja: "De onde retiro a noção de 'pensar'? Por que acredito em causa e efeito? O que me dá o direito de falar de um 'eu', e até mesmo de um 'eu' como causa, e por fim, de um 'eu' como causa de pensamento?" Quem se aventura a responder a essas questões metafísicas de súbito, sob o apelo de uma espécie de percepção *INTUITIVA*, como a pessoa que diz "eu penso e sei que isto, ao menos, é verdade, real e certo" — vai encontrar num filósofo hoje em dia um sorriso e dois pontos de interrogação. "Senhor", o filósofo talvez lhe esclareça, "é improvável que não estejas enganado, mas por que isto deveria ser a verdade?"

17 — No que diz respeito às superstições dos lógicos, jamais me cansarei de enfatizar um pequeno e conciso fato que é reconhecido a contragosto por essas mentes crédulas — ou seja, que um pensamento surge quando "ele" quer, e não quando eu quero; por isso é um ato de *DETURPAÇÃO* dos fatos reais dizer que o sujeito "eu" é a condição do predicado "penso". *ALGO* pensa; mas que esse "algo" seja precisamente o velho e famoso "eu" é, para colocar isso de forma suave, somente uma suposição, uma afirmação, o que indubitavelmente não é uma "certeza imediata". Afinal, foi-se longe demais com esse "algo pensa" — pois mesmo esse "algo" contém uma *INTERPRETAÇÃO*

do processo, e não pertence ao processo em si. Aqui se infere conforme a fórmula gramatical costumeira — "Pensar é uma atividade; toda atividade requer um agente que está ativo; consequentemente". Mais ou menos na mesma linha que o velho atomismo buscou, além da "força operante", a partícula material na qual ela reside e a partir da qual opera — o átomo. As mentes mais severas aprenderam, finalmente, a seguir adiante sem esse *residuum* da Terra e talvez algum dia possamos nos acostumar, mesmo do ponto de vista dos lógicos, a passar adiante sem esse pequeno "algo" (no qual o respeitável e velho "eu" se refinou).

18 — Não é certamente menor o encanto de uma teoria que pode ser refutada; é justamente por causa dele que ela atrai as mentes mais sutis. Parece que a teoria da "vontade livre", que foi refutada uma centena de vezes, deve sua permanência somente a esse encanto; sempre aparece alguém que se sente forte o suficiente para refutá-la.

19 — Os filósofos estão acostumados a falar da vontade como se ela fosse, no mundo, a coisa mais conhecida; de fato, Schopenhauer nos deu a entender que a vontade é algo que conhecemos de forma total e absoluta, sem tirar nem pôr. Mas vezes sem conta me parece que nesse caso Schopenhauer também só fez o que os filósofos têm o hábito de fazer — adotou um *PRECONCEITO POPULAR* e o exagerou. Antes de tudo me parece ser algo *COMPLICADO*, algo que é apenas uma palavra, uma unidade — mas é precisamente *numa* palavra que o preconceito

popular se esconde e passa a ter domínio sobre as precauções inadequadas de filósofos de todas as idades. Portanto, deixe-nos ser mais cuidadosos, deixe-nos ser "afilosóficos": deixe-nos dizer que em todo o querer há primeiramente uma pluralidade de sensações, ou seja, a sensação da condição da qual quer *afastar-se*, a sensação da condição da qual quer *aproximar-se*; a sensação das próprias condições de *aproximar* e *distanciar* que vem acompanhada de uma sensação muscular; mesmo sem que se tenha colocado "braços e pernas" em movimento eles começam a agir pela força do hábito à proporção que o "querer" se manifesta. Por isso, assim como o sentir, embora um sentir diverso deva ser reconhecido como ingrediente da vontade, então, em segundo lugar o "pensar" também deve ser reconhecido; em todo ato de vontade há um pensamento dominante; — e nem tentemos imaginar que, ao remover esse pensamento do "querer", a vontade possa ainda sobreviver! Em terceiro lugar, a vontade não é apenas uma complexa mistura do sentir e pensar, mas é acima de tudo uma *AFEIÇÃO* e, de fato, é a afeição de comando. Aquilo que é chamado de "vontade livre" é essencialmente a afeição de supremacia em respeito àquele que tem de obedecer: "Eu sou livre, 'ele' tem de obedecer" — essa consciência é inerente a toda vontade; da mesma forma que a tensão do estado de alerta, o olhar direto que se fixa exclusivamente numa coisa, a valoração incondicional que "somente isto e não outra coisa", a certeza interior de que a obediência será obedecida —

e que todo o resto pertence à posição do comandante. Um homem que *quer* ordena algo dentro de si que deve ser obedecido ou acredita que deva ser obedecido. Agora, no entanto, notemos o que é mais estranho na vontade, nessas coisas tão múltiplas para as quais as pessoas têm apenas *uma* palavra. Visto que nas circunstâncias apresentadas somos ao mesmo tempo a parte que comanda e a que obedece, e como parte que obedece conhecemos as sensações de coação, impulsividade, pressão, resistência e movimento que normalmente se manifestam logo após o ato da vontade; visto que, por outro lado, temos o costume de ignorar essa dualidade e nos enganar a respeito de sua existência através do sintético conceito do "eu": toda uma série de conclusões errôneas, e consequentemente de falsas estimas de valor sobre a própria vontade, acaba por se ligar ao ato de querer — a tal ponto que aquele que quer acredita firmemente que o querer é o *bastante* para deflagrar uma ação. Uma vez que na maioria dos casos houve apenas o exercício da vontade quando o efeito do comando — consequentemente obediência e ação — era o *ESPERADO*, a *APARÊNCIA* traduziu-se em sensação, como se aí houvesse uma *NECESSIDADE DE EFEITO*; em resumo, aquele que quer acredita com uma boa dose de certeza que vontade e ação são a mesma coisa; ele atribui ao sucesso, à manifestação do querer, à própria vontade, e com isso usufrui o aumento da sensação de poder que acompanha todo o sucesso. "Livre-arbítrio da vontade" — essa é a designação para o complexo estado de deleite de quem exercita a volição, quem ordena e ao mesmo tempo se identifica com o executor da ordem — quem, como tal, desfruta também o triunfo sobre os obstáculos, mas pensa consigo mesmo que foi na verdade sua própria vontade que os superou. Dessa forma a pessoa que exercita a volição acrescenta os sentimentos de prazer dos instrumentos executivos bem-sucedidos, as vantajosas "subvontades" ou sub-almas — uma vez que nosso corpo não passa de uma estrutura social composta de muitas almas — ao seu sentimento de deleite como aquele que comanda. *L'EFFET C'EST MOI.*[9] O que acontece aqui é o que acontece em toda comunidade feliz e bem construída, isto é, onde a classe regente se identifica com os sucessos da comunidade. Todo querer é inteiramente baseado na questão de comandar e de obedecer, sobre a base, como já foi dito, de uma estrutura social composta de muitas "almas", na qual o filósofo deve reivindicar o direito de incluir o querer em si dentro da esfera da moral — considerada como a doutrina das relações de supremacia sob as quais o fenômeno da "vida" se manifesta.

20 — Costuma-se dizer que os conceitos filosóficos distintos não são nem um pouco opcionais ou autômatos, mas crescem da conexão e da relação de uns com os outros; embora surjam, de repente, de maneira súbita e arbitrária na história do pensamento;

---

[9] Em francês: "O efeito sou eu".

apesar disso, não deixam de pertencer a um sistema, exatamente da mesma maneira que os membros coletivos da fauna de um continente — no fim isso é revelado pelas circunstâncias: como infalivelmente os mais diversos filósofos sempre preencheram de novo um definido esquema básico de filosofias *POSSÍVEIS*. Sob um encantamento invisível, sempre tornar a gravitar uma vez mais, na mesma órbita, embora se sintam independentes uns dos outros, eles são capazes de conhecer suas vontades críticas ou sistemáticas, algo que os conduz, algo que os impele numa determinada ordem um após o outro — a saber, o inato parentesco sistemático de seus conceitos. Seu pensamento está, de fato, menos preocupado em descobrir do que em reconhecer, em relembrar, em voltar atrás e retornar ao lar distante, à antiga morada da alma, de onde germinaram tais conceitos: até agora filosofar é uma espécie de atavismo do mais alto nível. A semelhança familiar maravilhosa de toda a filosofia indiana, grega e alemã tem uma explicação fácil e simples. De fato onde há parentesco linguístico devido à filosofia comum da gramática — quero dizer, devido ao domínio inconsciente e às regras de funções gramaticais similares — não pode ser de outra forma, tudo se encontra preestabelecido desde o início para um desenvolvimento e uma sucessão de sistemas filosóficos semelhantes, do mesmo modo que o caminho parece bloqueado a outras possibilidades de interpretações do mundo. É altamente provável que os filósofos do grupo linguístico uralo-altaico (para o qual o conceito de sujeito foi menos desenvolvido) olhem para "dentro do mundo" de forma distinta que os faça trilhar por caminhos de pensamento diferentes do que aqueles trilhados por indo-germanos ou muçulmanos. O encantamento de certas funções gramaticais é, em última análise, também o encantamento das valorações *FISIOLÓGICAS* e condições raciais. — Como uma forma de rejeitar a superficialidade de Locke em relação à origem das ideias.

21 — A *causa sui* é a melhor autocontradição jamais concebida, é uma espécie lógica de violação e desnatureza; mas o orgulho extravagante do homem conseguiu se enredar profunda e assustadoramente nessa imensa loucura. O desejo pelo "livre-arbítrio" no superlativo, no sentido metafísico que infelizmente ainda continua a reinar nas mentes dos semieducados, o desejo de assumir a total responsabilidade pelos seus atos, não os atribuindo a Deus, mundo, antepassados, acaso e sociedade, envolve nada menos do que ser precisamente essa *causa sui*, e com mais ousadia que o Barão de Münchausen deixar-se puxar pelos cabelos para fora do pântano em direção à existência. Se desse modo alguém puder perceber a estupidez crassa do conceito famoso de "vontade livre" para riscá-lo inteiramente de sua cabeça, eu lhe suplico que leve sua "iluminação" um passo adiante e também risque de sua cabeça o contrário desse conceito monstruoso de "livre-arbítrio". Falo sobre o "não livre-arbítrio", que é equivalente a um desvio de causa e efeito. Não se deve

erradamente *MATERIALIZAR* "causa" e "efeito", como fazem os filósofos naturalistas (e quem atualmente naturaliza o pensar como eles) segundo a rusticidade mecanicista predominante que espreme e sacode a causa até que produza "efeito". Deve-se usar a "causa" e o "efeito" apenas como puros *CONCEITOS*, ou seja, como ficções convencionais para fins de designação e entendimento mútuos, *NÃO* para explicações. No "em si" não há nada de "conexão casual", "necessidade" ou não liberdade psicológica"; o efeito não segue a causa, nele não é obtida a "lei". Fomos *NÓS* sozinhos que inventamos causa, sequência, reciprocidade, relatividade, coação, número, lei, liberdade, o motivo, o propósito; e quando interpretamos e entremeamos esses símbolos do mundo, como algo "em si", agimos como sempre fizemos, ou seja, *MITOLOGICAMENTE*. A "vontade não livre" é mitologia; na vida real é apenas uma questão da intensidade, mais *FORTE* ou mais *FRACA*, da vontade. — Quando um pensador manifesta alguma forma de compulsão em cada "conexão casual" e "necessidade psicológica", indigência, subserviência, opressão e não liberdade, é quase sempre um sintoma de que falta algo em si mesmo; é suspeito de ter tais sentimentos, e acaba por se trair. E em geral, se observei corretamente, a "não liberdade de vontade" é considerada um problema a partir de dois pontos de vista inteiramente opostos, mas sempre de uma maneira profundamente *PESSOAL*: alguns não jogarão para o alto sua "responsabilidade", sua crença em *SI PRÓPRIOS*, o direito pessoal a SEUS méritos, a qualquer preço (as castas inferiores pertencem a essa categoria); outros, pelo contrário, não querem ser responsabilizados ou culpados de coisa alguma e devido ao autodesprezo interior procuram *SAIR FORA DA SITUAÇÃO* não importa como. Estes últimos, quando escrevem livros, costumam hoje em dia ter o hábito de ficar do lado dos criminosos; o seu disfarce favorito é uma espécie de compaixão socialista. E, de fato, o fatalismo dos fracos de vontade ganha uma beleza surpreendente quando pode se apresentar como *"la réligion de la souffrance humaine"*;[10] que é o seu "bom gosto".

22 — Que me perdoem por ser um velho filólogo que não resiste à maldade de colocar o dedo em cima dos modos ruins de interpretação, pois que a "legitimidade das leis da Natureza" de que vocês físicos têm tanto orgulho de falar, só existe devido à sua interpretação e a errônea "filologia". Isso não é, de fato, um "texto" qualquer, mas, sim, apenas um sentido ingenuamente humanitário acomodado e distorcido com o qual fazem abundantes concessões aos instintos democráticos da alma moderna! "Em toda parte há igualdade perante a lei — a Natureza não é diferente nesse aspecto, nem melhor do que nós": um motivo ulterior afável no qual mais uma vez é disfarçado o vulgar antagonismo a tudo que é privilegiado e autocrático — como se fosse um segundo e mais refinado ateísmo. *"Ni dieu, ni maître"*[11] — que também é o que vocês desejam; e

[10] Em francês: "a religião do sofrimento humano".

[11] Lema anarquista, em francês: "Nem Deus, nem patrão".

por isso: "Um brinde à lei natural!" — não é assim? Mas, como já foi dito, isso é interpretação, não texto; pode aparecer alguém com intenções e modos de interpretação opostos que poderia fazer uma leitura na mesma "Natureza", tendo em vista os mesmos fenômenos, simplesmente do cumprimento tirânico, irrefletido e implacável das reivindicações do poder — um novo intérprete que assim pudesse colocar a não excepcionalidade e a não incondicionalidade de toda a "vontade de potência" diante de nossos olhos, de tal forma que quase toda palavra, inclusive a palavra "tirania", acabaria por parecer inconveniente ou como uma metáfora fraca e sem consistência — demasiadamente humana; contudo, acabaria por afirmar sobre esse mundo o mesmo que vocês afirmam, isto é, que ele tem um curso "necessário" e "calculável", mas *NÃO* por ser submetido às leis, e sim, por serem elas absolutamente *INEXISTENTES* e porque a cada momento os efeitos do poder vão até às últimas consequências. Admitindo também que isso é somente uma interpretação — e vocês ficarão ansiosos o bastante para discordar? — bem, tanto melhor assim.

23 — Até agora toda a psicologia tem estado presa a preconceitos e temores morais sem se atrever a lançar-se nas profundezas. Na medida em que é admissível o reconhecimento daquilo que tem sido escrito até agora, evidência do que até aqui tem sido mantido em silêncio, parece que ninguém ainda acolheu, sequer em pensamento, a noção da psicologia como morfologia e *DOUTRINA DO DESENVOLVIMENTO*

*DA VONTADE DE POTÊNCIA*, como eu a concebo. O poder dos preconceitos morais enraizou-se profundamente no mundo mais espiritual, mundo este aparentemente frio e sem preconceitos, e tem obviamente agido de um modo nocivo, obstrutivo, ofuscante e distorcido. Uma fisiopsicologia autêntica tem de lutar com o antagonismo inconsciente no coração do investigador, tem "o coração" contra si e até mesmo contra a doutrina do condicionamento mútuo entre os impulsos "bons" e "maus" causadores — como refinamento da imoralidade — da angústia e da aversão em uma consciência ainda forte e vigorosa — mais ainda, uma doutrina que faz com que os bons impulsos derivem dos maus. Se, contudo, alguém tome para si mesmo o ódio, a inveja, a cobiça e o despotismo como afetos condicionados à vida, como fatores que devem estar presentes, fundamental e essencialmente, na economia geral da vida (e que, portanto, devem ser desenvolvidos se a vida é para ser desenvolvida), essa pessoa sofrerá pela visão que tem das coisas como quem sofre enjoo pelo balanço do mar. Ainda assim, essa hipótese está longe de ser a mais estranha e a mais penosa nesse imenso e quase novo domínio de conhecimentos perigosos, e há, de fato, uma centena de boas razões para que dele mantenha distância todo aquele que *PUDER*! Por outro lado, se esse alguém ficou à deriva em seu próprio barco, bem, muito bem! Daqui para frente, deixem-nos manter nossos dentes cerrados! Os olhos bem abertos e o leme seguro por nossas mãos firmes!

Navegamos direto *SOBRE* a moral, vamos esmagá-la e destruir talvez o que restou de nossa própria moralidade ao ousar fazer nossa viagem nessa direção — mas que importância temos *NÓS*? Jamais um mundo de conhecimento com tal *PROFUNDIDADE* revelou-se para viajantes e aventureiros ousados, e o psicólogo que assim "faz tal sacrifício" — não faz um *sacrifizio dell'intelletto*, pelo contrário! — poderá ao menos ter o direito de exigir em troca que a psicologia volte a ser reconhecida como a rainha das ciências, a cujo serviço e preparação existem as outras ciências! Pois a psicologia é, uma vez mais, o caminho para os problemas fundamentais.

# Segunda parte

## O espírito livre

24 – *O sancta simplicitas!*[1] Em que estranha simplificação e falsificação vive o homem! É impossível deixar de ficar admirado quando se tem olhos para contemplar tal maravilha! Como tornamos tudo claro e livre, fácil e simples a nossa volta! Como fomos capazes de dar aos nossos sentidos um passe livre para tudo o que é superficial e a nosso pensamento um desejo divino para travessuras maliciosas e conclusões erradas! — como foi que, desde o início, conseguimos manter nossa ignorância a fim de desfrutar uma liberdade quase inconcebível, irrefletida, imprudente, impetuosa, jovial e alegre — com o intuito de gozar a vida! E foi somente sobre essa base sólida de ignorância como o granito que a ciência pôde desenvolver a vontade de saber sobre a base de uma vontade muito mais poderosa: a vontade de não saber, a vontade de incerteza e de inverdade! Não como seu oposto, mas como seu requinte. É de se esperar, por certo, que a *LINGUAGEM*, aqui como alhures, não possa ir além de sua estranheza e continue a falar em oposições onde há apenas graus e refinamentos de muitas gradações; é igualmente de

[1] Em latim: "Ó santa simplicidade!"

se esperar que a arraigada tartufaria da moral que agora pertence de forma insuperável à "nossa carne e sangue", possa nos revirar as palavras na boca, nós, homens de saber. Aqui e acolá nos damos conta disso, e rimos de como justamente a melhor ciência é a que procura nos prender neste mundo *SIMPLIFICADO*, completamente artificial, adequadamente imaginário e devidamente falsificado: e da maneira pela qual, queiramos ou não, ela adora o erro, porque é viva — ama a vida!

25 — Depois de um início um tanto animado como este, deve-se ouvir de bom grado uma palavra séria; pois que apela para as mentes também mais sérias. Sejam cuidadosos, ó filósofos e amigos do conhecimento, e se acautelem do martírio e do sofrimento "em nome da verdade" e até mesmo de vossa própria defesa! Isso corrompe toda a inocência e a delicada neutralidade de vossa consciência; ele vos torna rígidos contra as objeções e trapos vermelhos; estupidifica, animaliza e brutaliza e, quando na luta com o perigo, a difamação, a suspeita, a rejeição e as piores consequências da inimizade que os obriga por fim a jogar a última cartada como protetores da verdade sobre a Terra — como se "a verdade" fosse uma criatura inocente e incompetente que necessitasse de protetores! E logo vocês, dentre todas as pessoas, cavaleiros de tristíssima figura, senhores indolentes, fiandeiros de teias do espírito, finalmente sabem muito bem que não haverá nenhuma repercussão se *vocês* acabarem por ter razão; sabem que até aqui nenhum filósofo em momento algum teve razão e que

poderia haver uma veracidade mais louvável em cada pequeno ponto de interrogação que fosse colocado depois de suas palavras extraordinárias e doutrinas favoritas (e quem sabe atrás de si mesmos) do que em todos os gestos solenes e trunfos diante de promotores e tribunais! Melhor que se afastem do caminho! Escondam-se! Usem máscaras e artimanhas para que possam ser confundidos com outros! Ou para atemorizar um pouco! Rezem e não esqueçam o jardim, o jardim com grades douradas! Procurem ter sempre gente à sua volta, gente que seja como o jardim — ou como música sobre as águas do anoitecer, quando o dia já se torna uma lembrança. Escolham a *BOA* solidão, a livre, calma e deliberada solidão que também lhes dá o direito de permanecerem bons em qualquer sentido! Como toda guerra longa que não pode ser conduzida abertamente por meio da força se torna venenosa, ardilosa e má. Como um temor prolongado e uma observação longa de inimigos, ou de possíveis inimigos, se torna *PESSOAL*! Esses párias da sociedade, esses perseguidos e acuados — inclusive os reclusos compulsórios, os Espinosas, os Giordano Brunos — ao final acabam sempre, mesmo sob o disfarce mais espiritual, e também sem que saibam, em refinados vingativos e envenenadores (basta desenterrar os fundamentos da ética e da teologia de Espinosa!) para não falar da estupidez da indignação moral que é o sinal infalível num filósofo de que perdeu o senso de humor filosófico que ainda lhe restava. O martírio de um filósofo, "sacrificar-se pela verdade", traz à luz o que houver de agitador e de ator que nele se esconde; e se até aqui alguém o contemplou somente com curiosidade artística, como acontece com muitos filósofos, fica fácil entender o perigoso desejo de vê-lo também em sua deterioração (deteriorados em "mártires", histriões num palco ou numa tribuna). Somente, é necessário que quem tiver esse desejo tenha clareza para saber *QUAL* o espetáculo que se vai ver em cada caso — se será apenas uma comédia satírica, um farsante epílogo ou a contínua prova de que a longa e verdadeira tragédia *ESTÁ NO FIM*: supondo que toda filosofia tem sido uma longa tragédia desde sua origem.

26 — Todo homem seleto aspira instintivamente conquistar sua cidadela e sua privacidade, onde se sinta *REDIMIDO* da multidão, dos muitos, da maioria — onde possa esquecer a regra do "homem e dela ser a exceção; a menos que seja empurrado direto para essa regra por um instinto ainda mais forte, como alguém com enorme aptidão para discernir, no sentido excepcional dessa palavra. Aquele que, no trato com esses homens, não tenha percorrido ocasionalmente todas as nuances do verde ao cinza da aflição, proveniente do desgosto, da aversão, da saciedade, da compaixão, do pesar e do isolamento, não é seguramente um homem de gostos elevados; supondo, entretanto, que ele não assume voluntariamente todo esse fardo e essa aversão dentro de si, que sempre se afasta deles e permanece, como foi dito, isolado e altivo em sua cidadela, uma coisa é

certa: ele não foi feito e nem sequer está predestinado para o conhecimento. Pois, para isso, um dia teria de dizer para si mesmo: "Que o diabo leve o meu bom gosto! A 'regra' é mais interessante que a exceção — que eu, a exceção!" E ele poderia *DESCER*, e acima de tudo, poderia "entrar". O estudo longo e sério do homem *MÉDIO* — consequentemente com muito disfarce, autossuperação, familiaridade e más companhias (toda companhia é má, exceto aquela entre iguais): — que constitui a parte necessária à história de vida de todo filósofo; talvez a parte mais desagradável, odiosa e decepcionante. Se, no entanto, o homem tem a boa sorte como companheira, como deve ter todo filho favorito do conhecimento, encontra auxiliares verdadeiramente eficientes que vão abreviar sua tarefa; refiro me aos chamados cínicos, àqueles que apenas reconhecem a si mesmos, o animal, o lugar comum e a "regra", e ao mesmo tempo possuem tanta espiritualidade e tamanha sofreguidão que os fazem falar deles próprios e de seus iguais *DIANTE DE TESTEMUNHAS* — algumas vezes chafurdam até em livros, do mesmo modo que em seu próprio excremento. O cinismo é a única forma sob a qual as almas de baixo nível se aproximam do que é chamado de honestidade; e o homem superior deve aguçar seus ouvidos para todo cinismo, grosseiro ou refinado, e congratular-se consigo mesmo quando o palhaço se tornar despudorado ou o sátiro da ciência falar alto à sua frente. Há até casos em que o encantamento se mistura à aversão: sobretudo, quando, por um capricho da natureza, o gênio está associado a algum desses bodes ou macacos indiscretos, como no caso do abade Galiani, o mais profundo, o mais contundente e talvez também o mais imundo dos homens do seu século — ele era mais profundo que Voltaire e, consequentemente, também bem menos loquaz. Isso acontece com mais frequência, como já foi sugerido, quando uma cabeça científica é colocada no corpo de um macaco, uma inteligência requintada excepcional numa alma de baixo nível, ocorrência de modo algum rara, especialmente entre médicos e fisiólogos da moral. E mesmo quando alguém fala sem amargura, ou melhor, quando fala de forma quase inocente sobre o homem como uma barriga com duas necessidades, e uma cabeça com uma necessidade apenas; mesmo quando alguém vê, procura e *QUER* ver somente fome, instinto sexual e vaidade como os únicos e reais motivos das ações humanas, em suma, quando alguém fala "mal" do homem — nem sempre *maldosamente* — então, o amante do conhecimento deve ouvir com atenção e diligência; em geral deve ser todo ouvidos, em toda parte onde se falar sem indignação. Porque o homem indignado, e aquele que perpetua as lágrimas e se dilacera com seus próprios dentes (ou em vez disso, dilacera o mundo, Deus ou a sociedade), pode colocar-se, moralmente falando, superior ao sátiro que ri satisfeito consigo mesmo, mas em qualquer outro sentido ele é o caso mais comum, mais irrelevante e menos instrutivo.

E ninguém é mais *MENTIROSO* do que o homem indignado.

27 — É difícil ser entendido, especialmente quando alguém pensa e vive *gangasrotogati* [como o rio Ganges] entre aqueles que pensam e vivem de outro modo — a saber: *kurmagati* [como a tartaruga], ou na melhor das hipóteses como a rã, ou seja, *mandeikagati* [no ritmo da rã] — eu faço tudo para não ser compreendido facilmente! — e deviam se sentir profundamente gratos pela boa vontade de ter algum refinamento na interpretação. Mas no que diz respeito aos "bons amigos", entretanto, que são sempre indolentes por achar que, como amigos, têm direito à indolência: de saída é bom lhes fazer um bem e lhes conceder um espaço de divertimento e brincadeira para as suas incompreensões — e assim terá mais do que rir; ou então abandonar por completo esses bons amigos — e continuar a rir.

28 — O que é mais difícil de ser traduzido de uma língua para outra é o *TEMPO* do seu estilo, que tem sua origem no caráter da raça ou, para falar mais fisiologicamente, no *TEMPO* médio de assimilação do seu "metabolismo". Há traduções honestas e bem intencionadas que por vulgarizações involuntárias do original quase resultam em falsificações simplesmente porque seu *TEMPO* animado e alegre (que pula por cima e evita todos os perigos contidos nas palavras e expressões) não pôde ser traduzido. Um alemão é quase incapaz de usar o *PRESTO*[2] em

[2] Em italiano: "rápido", "ligeiro".

sua língua; consequentemente também, como se percebe com facilidade, é incapaz de muitas das *NUANCES* deliciosas e ousadas próprias do pensamento e do espírito livres. E assim como o bufão e o sátiro lhe são estranhos ao corpo e à consciência, assim também Aristófanes e Petrônio lhe são intraduzíveis. Tudo o que é solene, tedioso, pomposamente deselegante, todos os estilos prolixos e monótonos foram desenvolvidos numa profusa variedade entre os alemães — e me perdoem por dizer a verdade, mesmo a prosa de Goethe, em sua mistura de rigidez e elegância, não constitui exceção por ser um reflexo dos "velhos e bons tempos" a que pertence e por ser a expressão do gosto alemão num tempo em que ainda havia um "gosto alemão" que era um gosto rococó *in moribus et artibus*.[3] Lessing é uma exceção, graças à sua natureza histriônica que entendia um pouco de tudo, e era versado em muitas coisas; que não por acaso era o tradutor de Bayle e se refugiava voluntariamente na sombra de Diderot e de Voltaire e mais ainda entre os autores romanos de comédias — Lessing, também no *TEMPO*, amava o livre pensar, o voo da Alemanha. Mas como poderia a língua alemã, mesmo na prosa de Lessing, imitar o *TEMPO* de Maquiavel, que no seu "Príncipe" faz-nos respirar o ar fino e seco de Florença e não hesita em apresentar a questão mais grave em um *allegrissimo*[4] turbulento,

[3] Em latim: "nos costumes e nas artes".
[4] O andamento mais rápido em que uma música pode ser tocada.

não talvez sem um malicioso sentido artístico do contraste que se arrisca a apresentar — longos, pesados, difíceis e perigosos pensamentos e um *TEMPO* de galope do melhor e mais irreverente humor? Finalmente, quem se aventuraria numa tradução de Petrônio para o alemão, que mais que qualquer grande músico de então foi um mestre do *PRESTO* em invenções, ideias e palavras? Que importam, ao final, os pântanos do mundo doente e mau ou mesmo o "velho mundo" quando se gosta dele, e como ele, se tem os pés de vento, a pressa, a respiração e o desprezo emancipador de um vento que torna tudo saudável e a tudo faz *CORRER*! E em relação a Aristófanes — aquele gênio transfigurador e complementar de seu tempo, em razão do qual se *PERDOA* a existência de todo o Helenismo desde que se tenha entendido com profundidade total tudo *o que* exige perdão e transfiguração; não há nada que me tenha feito refletir mais sobre o segredo de Platão e de sua Natureza-Esfinge do que esse *petit fait:*[5] felizmente preservado sob o travesseiro de seu leito de morte, onde não se achou a "Bíblia", nem nada egípcio, pitagórico ou platônico — mas sim um Aristófanes. Como poderia Platão suportar a vida — uma vida grega que ele próprio repudiava — sem um Aristófanes!

29 — É assunto para muito poucos ser independente — é um privilégio dos fortes. E quem tenta

---

[5] Em francês: "detalhe", (literalmente, "pequeno fato").

ser independente, mesmo que tenha direito, mas sem nenhuma obrigação, prova que certamente não é apenas forte, mas também de uma ousadia além da conta. Entra num labirinto, multiplica por mil os perigos que a vida já traz consigo; e, no final das contas, ninguém pode ver como e onde ele se perdeu no caminho, ficou isolado e se deixou rasgar em pedaços por algum Minotauro da consciência. Supondo que tal pessoa assim desapareça, isso é tão distante da compreensão dos homens que nem se apercebem ou se compadecem com o que lhe aconteceu — e ele não pode mais voltar! Ele não pode nem mesmo voltar novamente para a compaixão dos homens!

30 — Nossas mais profundas intuições devem — e podem muito bem! — aparecer como loucuras, e em certas circunstâncias, até mesmo como delitos quando inadvertidamente chegam aos ouvidos daqueles que não estão preparados e predestinados a elas. O exotérico e o esotérico e, como eram formalmente distinguidos pelos filósofos — entre os indianos, os gregos, os persas e os muçulmanos, em suma, em todas as partes em que os povos acreditassem em gradações de hierarquia e *NÃO* na equidade e direitos iguais, — se distinguem por contraste uns com os outros, pelo fato de que a classe exotérica se coloca de fora, e não dentro, para ver, avaliar, medir e julgar; a mais essencial distinção é que a classe em questão vê as coisas a partir de baixo — enquanto o esotérico enxerga as coisas a partir *DE CIMA*! Existem graus de elevação da alma onde a própria tragédia deixa de

ser trágica; e se toda a dor do mundo fosse reunida em um só conjunto, quem se atreveria a dizer que a visão dela *NECESSARIAMENTE* nos forçaria e instigaria à compaixão e daí à duplicação da dor?... Aquilo que serve para matar a fome e a sede do espírito do homem do tipo superior deve ser quase veneno para um homem de um tipo completamente diferente e menor. As virtudes do homem vulgar poderiam talvez significar vícios e fraquezas em um filósofo; é possível que um homem da mais alta índole que tivesse se tornado degenerado, e em ruínas adquirisse qualidades sozinho, e através delas seria adorado como um santo no mundo inferior ao qual tivesse afundado. Há livros que têm um valor inverso para a alma e para a saúde de acordo com a condição de quem os utiliza — inferior e de baixa vitalidade ou superior e mais poderosa: no primeiro caso, são livros perigosos, perturbadores e inquietantes, e no outro atuam como chamados de um arauto e instigam os mais valentes a se valer de *SUA* bravura. Livros feitos para ser lidos por todos são sempre livros malcheirosos, impregnados pelo odor da gente insignificante. Costumam cheirar mal os lugares onde o povo se reúne para comer e beber, e até mesmo para venerar. Nunca se deve entrar em igrejas, se o que se deseja é respirar ar *PURO*.

31 — Nos anos da nossa juventude veneramos e desprezamos tudo sem a arte da nuance, o que de melhor a vida nos dá, e nos penitenciamos duramente por termos atacado homens e coisas com *Sins* e *Nãos*. Tudo está

disposto para que o pior de todos os gostos, o gosto pelo incondicional, seja cruelmente ridicularizado e abusado até que o homem aprenda a colocar um pouco de arte em seus sentimentos e prefira tirar conclusões a partir do artificial como fazem os verdadeiros artistas da vida. A cólera e a veneração que são peculiares à juventude parecem não permitir ter paz até que tenham ludibriado devidamente os homens e as coisas para ser capaz de dar vazão à paixão que têm por eles: a juventude em si mesma é algo falso e enganoso. Mais tarde, quando a alma jovem, torturada por contínuas desilusões, finalmente se volta desconfiada contra si mesma — sempre ardente e selvagem mesmo em sua desconfiança e em seu remorso: como se censura, como se dilacera impaciente, como se vinga por sua longa e ofuscante auto-ilusão como se ela tivesse sido uma cegueira voluntária! Nessa transição punimos a nós mesmos pela desconfiança de nossos próprios sentimentos; torturamos o entusiasmo com a dúvida, sentimos a boa consciência como um perigo, como se isso fosse autodissimulação e cansaço da retidão mais refinada; e, acima de tudo, tomamos partido por princípio, *CONTRA* "a juventude". — Uma década mais tarde compreendemos: tudo isso também — ainda era juventude!

32 — Durante o período mais longo da história da humanidade — chamado era pré-histórica — o valor ou o não valor de uma ação era inferido a partir de suas *CONSEQUÊNCIAS*; nem a ação em si, nem tampouco a sua origem eram levadas em consideração; mais ou menos como o que acontece na China de

hoje, onde a distinção ou a desgraça de um filho recai sobre seus pais, o poder retroativo do sucesso ou do fracasso era o que induzia o homem a pensar bem o mal de uma ação. Vamos denominar esse tempo como período *PRÉ-MORAL* da humanidade; o imperativo "conhece-te a ti mesmo" ainda era desconhecido. — Por outro lado nos últimos dez milênios houve tamanho avanço nas regiões da Terra a que o homem chegou, a ponto de não mais atribuir valor às consequências de uma ação, mas somente à sua origem, que era o que mais importava: uma grande conquista como um todo, um refinamento considerável da visão e da medida, o resultado inconsciente da preeminência dos valores aristocráticos e da crença na "origem", o marco de um período que pode ser designado, senso estrito, de período *MORAL*: quando a primeira tentativa em direção ao autoconhecimento foi feita. Em vez das consequências, a origem — que inversão de perspectiva! Seguramente uma inversão somente efetuada após longas lutas e indecisões! Evidentemente: uma superstição nova e agourenta e uma estreiteza única de interpretação obtiveram supremacia precisamente dessa maneira: a origem de uma ação foi interpretada no sentido mais determinante possível, como origem decorrente de uma *INTENÇÃO*; o povo passou a acreditar que o valor de uma ação residia no valor de sua intenção. A intenção, como única origem e história antecedente de uma ação: sob a influência desse preconceito é que, quase até os dias de hoje, se louvou, se culpou, se julgou e até se filosofou moralmente. — Não é possível, entretanto, que a necessidade venha a surgir de novo no que diz respeito à inversão e à mudança fundamental de valores, devido a uma nova autoconsciência e perspicácia do homem —, não é possível que estejamos de pé no limiar de um período que, para começar, deveria ser distinguido negativamente como *EXTRAMORAL*: nos dias de hoje, quando pelo menos entre nós, imoralistas, surge a suspeita de que o valor decisivo de uma ação reside justamente naquilo que nela é *NÃO INTENCIONAL*, e que toda a sua intencionalidade, tudo o que pode ser visto, ser conhecido, apreendido de modo "consciente" pertence à sua superfície ou à sua pele — que, como toda pele, revela alguma coisa, mas *ESCONDE* ainda mais? Em resumo, acreditamos que a intenção é apenas sinal ou sintoma que primeiro requer uma interpretação — além do mais, um sinal que possui muitas interpretações dificilmente tem, por si só, um significado: que a moral pelo significado que teve até agora, isto é, moral das intenções, foi um preconceito, talvez prematuridade ou algo provisório, possivelmente, alguma coisa da mesma ordem da astrologia e da alquimia, mas, em todo caso, algo que deve ser superado. A superação da moral, num certo sentido até a autossuperação da moral —, deixemos que esse seja nome para o encargo longo e secreto que foi reservado às mais refinadas e honestas, e também mais perversas consciências de hoje em dia, como vívidas pedras de toque da alma.

33 — Isto não pode ser evitado: os sentimentos de entrega e de sacrifício pelo próximo e toda a autorrenúncia moral devem ser impiedosamente chamados a prestar contas e levados a julgamento; bem como a estética da "contemplação desinteressada" sob a qual a emasculação da arte hoje em dia, de forma bastante astuciosa, busca criar uma boa consciência. Há muita sedução e doçura nesses sentimentos de "para os outros", de "*NÃO* para mim mesmo", para que não se tenha necessidade de duvidar duplamente deles e perguntar de pronto: "Não são eles talvez — *SEDUÇÕES*"? — que *AGRADAM* àquele que as tem e àquele que se aproveita dos seus frutos, e até mesmo aos meros espectadores — isso ainda não oferece argumentos *EM FAVOR* deles, mas requer apenas cautela. Portanto, sejamos cautelosos!

34 — Seja qual for o ponto de vista filosófico sobre o qual tenhamos conquistado uma posição, hoje a *equivocidade* do mundo no qual pensamos viver, vista de qualquer ângulo, é a coisa mais certa e segura que nossos olhos ainda podem apreender: descobrimos provas e mais provas disso, provas que nos poderiam levar a suposições de um princípio enganador sobre a "essência das coisas". Mas quem responsabiliza nosso próprio pensar, ou seja, "o espírito", pela falsidade do mundo — uma saída honrosa da qual se vale, consciente ou inconsciente, todo *advocatus dei*[6] — quem observa este mundo, o espaço, o

[6] Em latim: "advogado de Deus".

tempo, a forma e o movimento como falsas deduções: teria esse alguém, pelo menos, um bom motivo para desconfiar enfim de todo o pensar: não teria ele nos pregado até agora a pior e mais vil das peças? E que garantia nos seria dada de que não continuasse a fazer aquilo que sempre fez? Com toda a seriedade, a inocência dos pensadores possui em si algo tocante que inspira respeito e que mesmo hoje em dia lhes permite pedir à consciência que lhes dê respostas *HONESTAS* para algumas questões: por exemplo, se é "real", porque mantém o mundo exterior afastado de forma tão determinada, e outras perguntas semelhantes. A crença em "certezas imediatas" é uma ingenuidade *MORAL* que nos honra, a nós, filósofos: mas não devemos mais ser homens *MERAMENTE* morais! Independentemente da moral, tal crença é uma tolice que pouco nos honra! Na vida burguesa, a desconfiança contumaz pode ser vista como sinal de "mau caráter" e, portanto, como uma imprudência: cá entre nós, além do mundo burguês de seus Nãos e Sins — o que nos impediria de ser imprudentes e de dizer: o filósofo, como foi a criatura mais enganada da Terra até agora, tem praticamente o *DIREITO* de ter 'mau-caráter' —, ele tem hoje a *OBRIGAÇÃO* da desconfiança, do olhar oblíquo e cruel a partir de cada abismo de suspeitas. — Desculpem-me a brincadeira dessa caricatura e expressão sombrias; porque eu próprio aprendi há muito tempo a pensar e avaliar de forma diferente o enganar e o ser enganado e guardo ainda alguns golpes nas costelas prontos para a fúria cega com que os filósofos lutam para não serem enganados. Por que *NÃO*? Não é nada senão um preconceito moral achar que a verdade vale mais do que a aparência; de fato, é a pior suposição no mundo. Então devemos admitir: não existiria vida alguma sem base em estimativas de avaliações e aparências; e se alguém, com o entusiasmo virtuoso e a estupidez de muitos filósofos, desejasse acabar completamente com o "mundo aparente" — bem, supondo que *vocês* pudessem fazê-lo —, nada mais restaria da sua "verdade"! Realmente, o que é que nos obriga a supor que há uma oposição essencial entre "verdadeiro" e "falso"? Não basta a suposição de que existem graus de aparência, como matizes e tons mais claros e mais escuros da aparência — diferentes *valeurs*,[7] como costumam dizer os pintores? Por que o mundo *QUE NOS CONCERNE* não poderia ser uma ficção? E para quem tenha feito esta pergunta: "Mas a ficção não pertence ao autor?" — não poderia ser esta a resposta imediata: *POR QUÊ* melhorar? Esse "pertence" não pode fazer parte também da ficção? Não é permitido usar um pouco de ironia com o sujeito, assim como com o predicado e o objeto? Não pode o filósofo se elevar acima da fé na gramática? Com todo o respeito às governantas, já não é hora de a filosofia declinar da fé das governantas?

---

[7] Em francês: "valores".

35 — Ó Voltaire! Ó humanidade! Ó idiotia! Há algo delicado na "verdade" e na *BUSCA* da verdade; e se o homem vai ao seu encontro também com humanidade demais — *"il ne cherche le vrai que pour faire le bien"*[8] — aposto que não encontra nada!

36 — Supondo que nada seja "dado" como real além de nosso mundo de desejos e paixões, e que não possamos afundar ou nos elevar a qualquer outra "realidade" exceto àquela de nossos instintos — pois pensar é apenas a relação entre esses instintos —, não estamos autorizados a tentar colocar a questão de que se isso é "dado" não seria o *bastante* para a compreensão, através de nossos colegas, até mesmo do chamado mundo mecânico (ou "material")? Não quis dizer algo como uma ilusão, como uma "aparência", uma "representação" (no sentido berkeleyano ou schopenhaueriano), mas como algo do mesmo grau de realidade que nossos afetos têm — como uma forma mais primitiva do mundo dos afetos na qual tudo ainda continua preso em uma unidade poderosa que, mais adiante, se ramifica e se desenvolve no processo orgânico (e que, naturalmente, também se refina e se debilita) —, como um tipo de vida instintiva em que todas as funções orgânicas fazem parte: a autorregulação, a assimilação, a nutrição, as secreções e o metabolismo se encontram sinteticamente unidas umas às outras — como uma *forma prévia* de vida? —

---

[8] Em francês: "só busca a verdade para fazer o bem."

Por fim, não apenas é permitido fazer essa tentativa: como também o exige a consciência do *MÉTODO*. Não aceitar várias espécies de causalidades, até que se tenha levado ao limite extremo a tentativa de seguir com apenas uma (até as raias do absurdo, se é que posso colocar desse modo): essa é uma moral do método que não se pode repudiar hoje em dia — ela é decorrente "de sua definição", como diria um matemático. A questão está, no fim das contas, em determinar se reconhecemos realmente a vontade como *efetiva* e se acreditamos na causalidade da vontade: se é assim —, e fundamentalmente nossa crença *NISSO* representa nossa crença na causalidade em si —, *TEMOS* de fazer a tentativa de postular, hipoteticamente, a causalidade da vontade como a única causalidade. "Vontade", naturalmente, só atua sobre "Vontade" — e não sobre "matéria" (não sobre "nervos", por exemplo): resumindo, deve-se arriscar a hipótese de que em qualquer lugar são reconhecidos os "efeitos", vontade atua sobre vontade — toda a ação mecânica, desde que seja alimentada por uma força atuante, é justamente força de vontade, efeito da vontade. Admitimos, finalmente, que tivemos sucesso em explicar toda a nossa vida instintiva como o desenvolvimento e a ramificação de *uma* forma básica de vontade — ou seja, a vontade de potência, como estabelece *minha* tese —; se houvesse garantia de que todas as funções orgânicas poderiam ser reconduzidas a essa vontade de potência, e que a solução do problema da geração e da nutrição — que é *um* problema

— poderia estar aqui também, se conquistaria o direito de definir *TODA* força ativa inequivocamente como *VONTADE DE POTÊNCIA*. O mundo visto de dentro, o mundo definido e designado de acordo com seu "caráter inteligível" seria simplesmente "vontade de potência" e nada mais.

37 — "Como? Isso não significa em linguagem popular que refutamos Deus, e não o diabo?" — Muito pelo contrário! Muito pelo contrário, meus amigos! E diabo os obriga a falar em linguagem popular?

38 — Afinal, tal como aconteceu com toda a luz dos tempos modernos causada pela Revolução Francesa, essa farsa terrível, bastante supérflua se vista de perto, a qual os espectadores nobres e visionários de toda a Europa interpretaram com distanciamento sua própria indignação e entusiasmo durante longo tempo e com tanta paixão *ATÉ* que *O TEXTO DESAPARECEU SOB A INTERPRETAÇÃO*: assim também uma posteridade nobre poderia uma vez mais se equivocar sobre o passado inteiro, e talvez por causa disso tornar SEU aspecto suportável. — Aliás, isso já não aconteceu? Já não temos sido nós mesmos essa "posteridade nobre"? E na medida em que agora compreendemos isso, isso não virou passado?

39 — Ninguém vai considerar facilmente uma doutrina como verdadeira somente porque faz as pessoas felizes e virtuosas — como exceção, talvez, os adoráveis "idealistas", sempre entusiasmados com o bem, o verdadeiro e o belo, enquanto deixam todas as espécies de desejabilidades grosseiras, coloridas e de boa índole nadarem em seu lago. Felicidade e

virtude não são argumentos. As pessoas, mesmo os espíritos mais esclarecidos, de bom grado esquecem que se tornar infeliz ou se tornar mau não são apenas contra-argumentos. Uma coisa poderia ser verdadeira mesmo que seja um perigo e um prejuízo no seu mais alto grau; com efeito, a constituição básica da existência poderia ser tal que faça sucumbir alguém só por tomar pleno conhecimento dela — de modo que a força do espírito poderia ser medida pela quantidade de "verdade" que poderia suportar ou, de forma mais clara, até que ponto ela teria *necessidade* de ser diluída, abafada, adoçada, suavizada e adulterada". Mas não há dúvida de que, para a descoberta de algumas *PARTES* da verdade, os maus e os infelizes estão mais bem situados e têm melhor possibilidade de sucesso; sem falar dos maus que são felizes — uma espécie sobre a qual os moralistas guardam silêncio. Talvez a dureza e a astúcia sejam as condições mais favoráveis para o desenvolvimento dos espíritos e filósofos fortes e independentes do que a suave e refinada boa índole, que tem o hábito de levar as coisas com facilidade e que é valorizada, e com razão, em um homem culto. Pressupondo-se, em primeiro lugar, que o conceito de "filósofo" não está limitado àquele que escreve livros — ou mesmo ao que faz livros da *SUA* filosofia! —, Stendhal fornece uma última característica do perfil do filósofo de espírito livre, a qual, em razão do gosto alemão, eu não quero deixar de sublinhar — porque é justamente o *OPOSTO* do gosto alemão. "*Pour être bon philosophe*", diz o último grande psicólogo, *"il faut être sec, clair, sans illusion. Un banquier, qui a fait fortune, a une partie du caractère requis pour faire des découvertes en philosophie, c'est-à-dire pour voir Claire dans ce qui est"*.[9]

40 — Tudo o que é profundo ama a máscara: as coisas mais profundas odeiam até mesmo a imagem e a similaridade. Não deveria o *OPOSTO* ser o disfarce adequado para que o pudor de um deus viesse à tona? Uma pergunta que vale a pena fazer: soaria estranho se algum místico já não tivesse se aventurado no mesmo tipo de coisa. Há acontecimentos de natureza tão delicada que seria melhor soterrá-los e cobri-los com alguma grosseria para que ficassem escondidos; há atos de amor e de uma generosidade tão extravagante depois dos quais nada pode ser mais sábio do que pegar uma vara e dar uma surra na testemunha: para assim lhe turvar a memória. Muitos são capazes de maltratar e de turvar a própria memória para que possam vingar-se ao menos da única testemunha de seu segredo: a vergonha é engenhosa. Não são as coisas piores que nos envergonham mais: não há apenas falsidade por detrás de uma máscara — há muita bondade na astúcia. Posso imaginar que um homem com algo caro e frágil para esconder, poderia rolar desajeitado pela vida, como um barril de vinho,

---

[9] Em francês: "Para ser bom filósofo, é preciso ser seco, claro, sem ilusão. Um banqueiro que fez fortuna tem parte do caráter necessário para fazer descobertas em filosofia, ou seja, para ter uma visão clara daquilo que é."

velho, pesado e cheio de aros: o refinamento de sua vergonha exigiria que assim fosse. Um homem cuja vergonha é profunda encontra seu destino e suas sutis decisões em caminhos que poucos alcançam e cuja existência os amigos mais próximos e íntimos não conhecem: seu perigo mortal se esconde aos olhos deles e igualmente a segurança reconquistada na vida. Essa natureza oculta que emprega o silêncio e a discrição instintivamente na fala é incansável nos propósitos de esquivar-se à comunicação, *DESEJA* e insiste que uma máscara deve ocupar o seu lugar no coração e na mente dos amigos; e, supondo que não seja isso o desejado, um dia seus olhos se abrirão para o fato de que, apesar de tudo, lá está uma máscara que lhe pertence — e que é bom que seja assim. Todo espírito profundo precisa de uma máscara, ou melhor, em volta de todo espírito profundo cresce continuamente uma máscara, graças à constante falsidade, isto é, à interpretação *SUPERFICIAL* de cada palavra que ele profere, cada passo que dá, cada sinal de vida que manifesta.

41 — É preciso se submeter às provas de independência e comando a que se está destinado; e é preciso fazê-lo no tempo adequado. Não se deve evitá-las, embora elas constituam talvez o jogo mais perigoso que se possa jogar e sejam, por fim, apenas provas feitas perante nós mesmos com testemunhas sem nenhum outro juiz. Não se prender a qualquer pessoa: mesmo que seja a mais querida — toda pessoa é uma prisão e um refúgio. Não se prender a

uma pátria: mesmo que ela seja a mais sofredora e mais necessitada de ajuda — é menos difícil separar o coração de uma pátria vitoriosa. Não se prender à compaixão: mesmo que ela seja dirigida a homens superiores cuja rara tortura e desamparo fez-nos considerar. Não se prender a uma ciência: embora nos tente com as mais valiosas descobertas que parecem ter sido reservadas especialmente *para nós*. Não se prender ao próprio desprendimento, ao voluptuoso distanciamento e estranheza do pássaro que voa sempre para mais alto a fim de poder ver abaixo de si cada vez melhor — o perigo daquele que voa. Não se prender às próprias virtudes nem se tornar totalmente vítima de algumas das suas peculiaridades, por exemplo, de sua "hospitalidade": que é o perigo dos perigos para as almas ricas e altamente desenvolvidas que lidam consigo mesmas prodigamente, quase com indiferença, e exageram tanto na virtude da liberalidade a ponto de torná-la um vício. É necessário saber se *PRESERVAR*. E essa é a mais forte prova de independência.

42 — Um novo gênero de filósofos está surgindo: não sem medo, arrisco-me a batizá-los por certo nome que não está isento de perigos. Até onde os entendo, até onde se permitem ser entendidos — pois é da natureza deles o DESEJO de continuarem a parecer com um enigma —, esses filósofos do futuro poderiam, ou talvez sem razão, ser chamados de *tentadores*. Essa denominação em si não passa de uma tentativa, ou, se preferirem, de uma tentação.

43 — Serão eles os novos amigos da "verdade", esses filósofos que estão por vir? É muito provável que sim, porque até agora todos os filósofos amaram suas verdades. Mas com certeza não serão dogmáticos. Tal atitude contrariaria seu orgulho, e também seu gosto, mesmo que sua verdade pretendesse ser para todos: o que até agora foi o desejo secreto e o sentido oculto de todos os esforços dogmáticos. "Meu juízo é *MEU* juízo: outra pessoa não tem direito a ele" — dirá talvez o filósofo do futuro. Deve-se renunciar ao mau gosto de querer concordar com muitos. "Bem" deixa de ser tão bem assim quando o próximo o coloca em sua boca. E como poderia existir um "bem comum"! Essa expressão se contradiz; aquilo que é comum tem sempre pouco valor. No final, as coisas devem ser como são e como sempre foram — as grandes coisas continuam sendo para os grandes, os abismos para as profundezas, as delícias e entusiasmos para os refinados e, resumindo, as raridades para os raros.

44 — Depois de tudo isso eu ainda preciso dizer expressamente que eles serão espíritos livres, *MUITO* livres, esses filósofos do futuro — assim como, certamente, também não serão meros espíritos livres, porém algo mais, maior, mais alto e radicalmente diferente, que não quer ser mal interpretado ou confundido por outra coisa? Mas, quando digo isso, sinto-me na *OBRIGAÇÃO*, tanto por eles quanto por nós mesmos (nós, espíritos livres, que somos seus arautos e precursores), de varrer para longe de nós um velho preconceito estúpido e equivocado que se tornou

opaco, como uma névoa, o conceito de "espírito livre". Em todos os países da Europa, e mesmo da América, há atualmente quem abuse dessa denominação, uma classe bem pequena de espíritos prepotentes e aprisionados em si mesmos que deseja quase o oposto do que está em nossos instintos e intenções — sem falar que, para os *NOVOS* filósofos que estão surgindo, eles serão como janelas fechadas e portas ainda bem trancadas. Para resumir, lamentavelmente, eles são os *NIVELADORES* chamados erroneamente de "espíritos livres" — escravos loquazes e amanuenses do gosto democrático e com suas "ideias modernas"; todos; homens sem solidão, sem solidão própria, toscos e honestos rapazes a quem nem a coragem, nem a conduta honrada podem ser negadas, mas que não são livres, e sim ridiculamente superficiais, sobretudo em sua tendência inata de atribuir às formas da velha sociedade existente, a causa de quase *TODA* a miséria e falência humanas — uma noção divertida que coloca a verdade de cabeça para baixo! O que eles gostariam de atingir de bom grado e com toda a força é a universal felicidade do rebanho na campina verde, com segurança, sem perigo, conforto e bem-estar de uma vida tranquila para cada um deles; suas duas doutrinas e canções frequentemente cantadas são chamadas de "Igualdade de direitos" e "Compaixão por todos os sofredores" — e o sofrimento em si é encarado por eles como algo que deve ser *ABOLIDO*. Contudo, nós, que somos inversores, que abrimos nossos olhos e nossas consciências para a questão de como e onde a planta chamada "homem" cresceu às alturas mais vigorosamente, acreditamos que isso sempre aconteceu em condições opostas, que a situação teve de se expor aos maiores graus de periculosidade, a força de inventar e de dissimular (seu "espírito") sob longa opressão e compulsão teve de se tornar sutil e ousada, e sua vontade de vida teve de se elevar até a absoluta vontade de potência — acreditamos que a severidade, a violência, a escravidão, o perigo nas ruas e no coração, o sigilo, o estoicismo, a arte da tentação e do satanismo de toda espécie —, tudo o que é mau, terrível e tirânico, tudo o que há de animal predador e serpente no homem serve tão bem à elevação da espécie "homem" quanto ao seu oposto — ainda não dissemos o bastante por dizer apenas um tanto, e em qualquer caso nos encontramos conosco, com nossa fala e nosso silêncio, aqui, na *OUTRA* extremidade de toda ideologia moderna e anseio de rebanho, como seus antípodas, talvez? Não admira que os "espíritos livres" como nós não sejam exatamente os espíritos mais comunicativos? Que não desejemos revelar, sob todos os aspectos, *do QUE* um espírito precisa se livrar e *para ONDE* talvez ele venha a ser conduzido? E no que se refere ao sentido da fórmula perigosa do "além do bem e do mal" com a qual, ao menos, evitamos ser confundidos, *SOMOS* algo mais do que *"libres-penseurs"*, *"liberi pensatori"*, *"Freidenker"*[10] ou como queiram ser

[10] Em francês, italiano e alemão: "livres-pensadores".

chamados esses honestos defensores de "ideias modernas". Em casa ou como hóspedes, em muitos países do espírito, tendo escapado vezes sem conta dos mofados recantos agradáveis nos quais pareciam nos confinar as preferências e os preconceitos, a juventude, a origem, o acaso de homens e livros, ou mesmo o cansaço das viagens, cheios de malícia contra o fascínio do vício que se oculta em honrarias, dinheiro, posições ou exacerbação dos sentidos e até mesmo gratos pela privação e pelas vicissitudes da doença, pois que elas sempre nos livraram de alguma regra e de seu "preconceito", gratos a Deus, ao diabo, ao cordeiro e ao verme que há em nós, curiosos atrás de uma falha, investigadores a ponto da crueldade, com dedos resolutos para o intangível e dentes e estômagos para o mais indigesto, prontos para qualquer ofício que exija sagacidade e sentidos aguçados, prontos para todos os riscos, graças ao excesso de "livre-arbítrio", com almas de primeiro plano e de fundo das quais as últimas intenções são difíceis de serem levantadas, onde o que está em primeiro plano e ao fundo nenhum pé se arriscaria a percorrer até o fim, escondidos sob mantos de luz, conquistadores, apesar de parecermos herdeiros e esbanjadores, arranjadores e colecionadores desde a manhã até a noite, avaros de nossa riqueza e nossas gavetas abarrotadas, econômicos no aprendizado e no esquecimento, inventivos em esquemas, às vezes orgulhosos de tábuas de categorias, às vezes pedantes, por vezes corujas noturnas que também trabalham no dia claro; quando é necessário até mesmo espantalhos — e nos dias de hoje isso é necessário, isto é: na medida em que somos os amigos natos, jurados e ciumentos da *SOLIDÃO*, de nossa mais profunda solidão da meia-noite e do meio-dia —, essa espécie de homens é que somos nós, nós, espíritos livres! E talvez vocês sejam também algo assim? *Vocês* que acabam de chegar, vocês, *novos* filósofos!

# Terceira parte

## O espírito religioso

**45** — A alma humana e seus limites, a gama de experiências interiores do homem até então alcançada, as alturas, as profundezas e as distâncias dessas experiências, toda a história da alma *ATÉ O PRESENTE MOMENTO* e suas possibilidades ainda não esgotadas: esse é o território de caça predestinado a um psicólogo nato e amante de uma "grande caça". Mas com que frequência ele não diz a si mesmo em desespero: "Um indivíduo, ai de mim, um só indivíduo e esta grande floresta, esta floresta virgem." Assim, gostaria de ter algumas centenas de assistentes e muitos cães de caça bem treinados, os quais poderia acionar correr atrás da alma humana, e nela apanhar sua presa. Em vão: por vezes ele se dá conta completa e amargamente de como é difícil encontrar auxiliares e cães para todas as coisas que diretamente despertam a sua curiosidade. O inconveniente de enviar eruditos aos territórios de caça novos e perigosos, onde a coragem, perspicácia e sutileza são exigidas em todos os sentidos, é que eles fraquejam justo quando começa a "*GRANDE* caça" e, também, o grande perigo: — e é nesse exato ponto que eles perdem a visão aguda e o olfato apurado. Para desvendar e descobrir que história teve até então o problema da *E DA CIÊNCIA CONSCIÊNCIA* na alma dos *homines religiosi*, talvez uma pessoa tivesse de ter, ela mesma, uma imensa, sofrida e profunda experiência quanto, por exemplo, à consciência intelectual de Pascal — e mesmo assim de tal pessoa seria exigido aquele amplo céu de espiritualidade clara e perversa do alto do qual fosse capaz de divisar, organizar e efetivamente formular este enxame de perigosas e doloridas experiências que viveu. — Mas quem poderia me fazer tal serviço! E quem teria tempo para esperar tais serviçais! — a aparição deles é uma raridade — e na maioria das vezes não se pode contar com eles! Finalmente é preciso que se faça tudo *POR SI SÓ* para descobrir alguma coisa; o que significa que se tem *MUITO* que fazer! — Mas uma curiosidade como a minha é sem sombra de dúvida o mais agradável dos vícios — me desculpem! Com isso, quero dizer: o amor à verdade tem sua recompensa no céu, assim como na terra.

46 — A fé como os primeiros cristãos a desejaram, e não raro a alcançaram em meio a um mundo meridional cético e liberal que trazia dentro e atrás de si a luta secular de escolas filosóficas, contando além do mais com a educação para a tolerância dada pelo *Imperium Romanum* —, essa fé *NÃO* é aquela fé sincera, rude de escravos com que talvez um Lutero, um Cromwell, ou algum outro bárbaro nórdico do espírito, se apegou ao seu Deus e ao seu cristianismo; é mais parecida com a fé de Pascal, a qual lembra, de um modo terrível, um ininterrupto suicídio da razão — uma razão resistente e duradoura como um

verme que não mata *de pronto* e com *um único* golpe. Desde o começo a fé cristã significa sacrifício: sacrifício de toda a liberdade, de todo o orgulho, de toda a autoconfiança de espírito; ao mesmo tempo que é sujeição, autoescarnecimento e automutilação. Nessa fé há crueldade e fenicismo religioso que exige uma consciência frágil, multifacetada e muito mimada: sua presunção é que a sujeição do espírito *cause uma dor* indescritível, que todo o passado e todo o hábito de tal espírito se defendam contra o *Absurdissimum*[1] que a ele se mostra como "fé". Os homens modernos não têm mais a percepção do que havia de tão terrivelmente superlativo, para o antigo gosto, na paradoxal fórmula "Deus na Cruz". Até então não havia tido, nunca e em nenhum lugar, tanta ousadia quanto nessa inversão, nem algo assim tão terrível, questionado e questionável, quanto esta fórmula: ela prometia uma transvaloração de todos os valores antigos. — Foi o Oriente, o *PROFUNDO* Oriente, foi o escravo oriental que, assim, vingou-se de Roma e de sua tolerância frívola e nobre, do "catolicismo" romano da fé: — e não foi nunca a fé, mas a liberdade da fé, a semiestoica e sorridente indiferença com a seriedade da fé, que fez com que os escravos se irritassem com seus senhores, contra os senhores. O "Iluminismo" o escravo deseja o incondicional, ele não entende outra coisa que não seja o tirânico, até mesmo na moral, ele ama como odeia, sem *NUANCES* até o mais

[1] Em latim: "o mais absurdo" (declinação no superlativo).

profundo, até a dor, até a doença — seus inúmeros sofrimentos *OCULTOS* fazem com que o escravo se revolte contra o gosto nobre o qual parece *NEGAR* o sofrimento. O ceticismo no que diz respeito ao sofrimento, fundamentalmente apenas uma afetação da moral aristocrática, não foi a menor das causas, mas também a última grande insurreição dos escravos que começou com a Revolução Francesa.

47 — Onde quer que a neurose religiosa tenha aparecido na Terra, encontramo-la relacionada a três receitas perigosas ao regime dietético: solidão, jejum e abstinência sexual, mas sem que seja possível determinar com certeza o que é causa e o que é efeito, ou SE existe entre elas qualquer relação de causa e efeito. Esta última dúvida é justificada pelo fato de que um dos sintomas mais habituais, tanto entre os selvagens como entre os povos civilizados, é a mais súbita e extravagante volúpia que com igual rapidez se transforma em espasmos da penitência, negação do mundo e negação da vontade: sintomas estes talvez passíveis de ser interpretados como epilepsia disfarçada? Porém, aqui nesse caso, é MAIS do que obrigatório colocar de lado as explicações: em torno de nenhum outro tipo se desenvolveu tamanho volume de absurdos e superstições, nenhum outro tipo parece ter sido mais interessante aos homens e até mesmo aos filósofos — talvez aqui fosse bom se tornar um pouco indiferente, para aprender a cautela, ou, melhor ainda, desviar o olhar, *AFASTAR-SE*. — Mas mesmo no âmago da mais recente filosofia, a de

Schopenhauer, encontra-se, quase como o problema em si, esse terrível ponto de interrogação da crise e do despertar religioso. Como a negação da vontade é *POSSÍVEL*? Como o santo é possível? — essa parece ter sido a questão primordial pela qual Schopenhauer fez sua estreia como filósofo. E assim foi uma consequência schopenhaueriana natural que seu adepto mais fervoroso (talvez também seu último em termos da Alemanha), cujo nome era Richard Wagner, tivesse completado a obra da sua própria vida ali mesmo naquele ponto, e finalmente tivesse colocado esse tipo eterno e terrível em cena, como Kundry, *type vécu*,[2] de carne e osso, na mesma época em que em todos os países da Europa os psiquiatras tinham a oportunidade de estudá-lo ao alcance da mão, em todo lugar onde a neurose religiosa — ou como a chamo, "o ser religioso" — teve seu último surto epidêmico como "Exército da Salvação". — Entretanto, ao se fazer a pergunta do que houve de tão extremamente interessante para toda a espécie de homens, de todas as idades, e até mesmo para os filósofos esse fenômeno santo, foi sem dúvida alguma, o aspecto milagroso que nele havia — a *SUCESSÃO* imediata de *CONTRASTES*, moralmente em oposição aos valores dos estados da alma: aqui, parecia bastante evidente que o "homem mau" pudesse, da noite para o dia, se tornar um "santo", um homem bom. A psicologia até então existente foi naufragada nesse

---

[2] Em francês: "tipo vivido".

ponto: e será que isso não aconteceu principalmente porque ela havia se colocado sob o domínio da moral, porque *ACREDITAVA* nas oposições dos valores morais e viu, leu e *INTERPRETOU* essas oposições nos textos e fatos que tinham em mão? Como? O "milagre" somente um erro de interpretação? Uma falta de filologia?

48 — Parece que as raças latinas estão mais profundamente ligadas ao seu catolicismo do que nós, povo do norte, somos ligados ao cristianismo em geral e isso faz, consequentemente, com que a incredulidade nos países católicos tenha um significado bem diferente do que nos países protestantes — a saber, significa uma espécie de revolta contra o espírito da raça, enquanto conosco é antes um retorno ao espírito (ou à falta de espírito) da raça. Nós, homens do norte, sem dúvida, temos como origem as raças bárbaras, mesmo no que diz respeito aos nossos talentos para a religião: para os quais somos mal dotados. Pode-se fazer uma exceção no caso dos celtas que anteriormente também forneceram o melhor terreno para a proliferação da infecção cristã no norte: o ideal cristão floresceu na França tanto quanto foi permitido pelo sol pálido do norte. Estes últimos franceses céticos, como são estranhamente piedosos para o nosso gosto, uma vez que têm sangue celta em sua origem! Como cheira católica e antialemã a sociologia de Augusto Comte, com a lógica romana dos instintos! Como Sainte Beuve nos parece jesuítico, esse amável e perspicaz cicerone de Port Royal, apesar

de toda a sua hostilidade aos jesuítas! E quanto a Ernest Renan: como nos parece inacessível, a nós, setentrionais, a linguagem de Renan em quem, a todo instante, o mero toque de tensão religiosa faz com que sua alma refinada, voluptuosa e acomodada, estremeça e se desequilibre! Vamos repetir suas belas frases — e quanta maldade e arrogância são agitadas na mesma hora como uma resposta em nossas almas, provavelmente, menos belas e mais endurecidas, isto é, em nossas almas mais alemãs! — *"disons donc hardiment que la réligion est un produit de l'homme normal, que l'homme est le plus dans le vrai quand il est le plus religieux et le plus assuré d'une destinée infinie... C'est quand il est bon qu'il veut que la vertu corresponde à un ordre éternel, c'est quand il contemple les choses d'une manière desinteressée qu'il trouve la mort révoltante et absurde. Comment ne pas supposer que c'est dans ces moments-là, que l'homme voit le mieux?"...*[3] Essas frases são tão extremamente antípodas aos meus ouvidos e à minha maneira de pensar, que em meu primeiro impulso de raiva ao encontrá-las, escrevi na margem da página: *"la niaiserie religieuse par excellence!"*[4] — até que em minha raiva

[3] Em francês: "Digamos então, audaciosamente, que a religião é um produto do homem normal, que o homem está mais próximo do verdadeiro quando é mais religioso e mais seguro de um destino infinito... É quando ele é bom que deseja que a virtude seja uma ordem eterna, é quando contempla as coisas de uma maneira desinteressada que se depara com a morte revoltante e absurda. Como duvidar que é nesses momentos que o homem enxerga melhor?..."

[4] Em francês: "A insensatez religiosa levada ao extremo!"

extemporânea comecei a apreciá-las com sua verdade absolutamente invertida! E tal como numa distinção é muito bom se ter os próprios antípodas!

49 — O que é mais espantoso na vida religiosa dos gregos antigos é a grande abundância de GRATIDÃO que dela flui: — é somente uma espécie muito nobre de homens que apresenta TAL atitude para com a natureza e à vida! — Mais tarde, na Grécia, quando a plebe conquistou o poder na mão, o *MEDO* também se tornou desenfreado na religião; o cristianismo estava se preparando.

50 — A paixão por Deus tem diversas espécies: há a paixão rude, a sincera de coração e a inoportuna, como a de Lutero — todo o protestantismo carece da *DELICATEZZA* dos povos meridionais. Há uma exaltação oriental de espírito nisso, como no caso de um escravo que é imerecidamente favorecido ou elevado ou no de Santo Agostinho, por exemplo, à qual de maneira ofensiva falta nobreza e desejos. Há uma delicadeza, uma ternura e uma sensualidade feminina que, modesta e inconscientemente, anseia por uma *UNIO MYSTICA ET PHYSICA*, como no caso de Madame de Guyon. Em muitos casos isso aparece, curiosamente, como disfarce da puberdade juvenil de uma menina ou de um menino; aqui e acolá não só como a histeria de uma solteirona como também sua última ambição: — várias vezes a Igreja canonizou a mulher em casos assim.

51 — Até agora, os homens mais poderosos têm se curvado respeitosamente diante do santo, ante o

enigma da autossujeição e privação voluntária absoluta — por que se curvaram assim? Nele pressentiam — como se fosse por detrás do ponto de interrogação de sua aparência frágil e deplorável — a força superior que queria ser testada por tal sujeição; a força de vontade na qual reconheciam sua própria força e amor ao poder; sabiam como honrá-los: honravam a si mesmos ao honrar o santo. Além do mais, a contemplação do santo lhes indicava uma suspeita: tal enormidade de autonegação e da antinatureza não terá sido cobiçada inutilmente — diziam eles como que se questionando. Será que existiria alguma razão para tanto, algum grande perigo sobre o qual o asceta poderia estar mais bem informado através de seus conselheiros e visitantes secretos? Em suma, os poderosos do mundo aprendiam a ter um novo medo e pressentiam um novo poder, um inimigo estrangeiro e ainda não sujeitado: — a "vontade de potência" é que os obrigava a se deter diante do santo. Eles tinham de interrogá-lo.

52 — No "Antigo Testamento" dos judeus, o livro da justiça divina, há tantos homens, coisas e discursos de tamanha grandeza que a literatura grega e indiana não tem nada que se lhe compare. Fica-se amedrontado e reverente face aos estupendos vestígios do que foi o homem um dia e sente-se tristeza pela velha Ásia e sua pequena península afastada, a Europa, que gostaria tanto de se apresentar perante a Ásia como o "progresso do homem". Com certeza, quem não passa de um animal doméstico que só conhece as necessidades de um animal doméstico (como os

nossos homens cultos atuais, inclusive os cristãos do cristianismo "culto"), não precisa nem se surpreender, nem mesmo ficar triste entre esses escombros — o gosto pelo Antigo Testamento é uma pedra de toque em relação ao que é "grande" e ao que é "pequeno" —: talvez descubra que o Novo Testamento, o livro da graça que mais satisfaz ao seu coração (nele existe muito do odor forte e adocicado, terno e estúpido dos carolas e de alma pequena). A junção desse Novo Testamento, uma espécie de rococó, em todos os sentidos, ao Velho Testamento em um único livro, a "Bíblia", o "Livro" por excelência, é talvez o maior atrevimento e "pecado contra o espírito" que a Europa tem em sua consciência.

53 — Por que o ateísmo nos dias de hoje? — "O pai" em Deus está totalmente refutado; tanto quanto "o juiz" ou "o recompensador". Assim também sua "vontade livre": ele não ouve — e, mesmo que o fizesse, não saberia como ajudar. O pior é que ele parece incapaz de se comunicar com clareza; está obscuro? — Isso foi o que concluí através de questionamentos e de ter ouvido muita coisa ser a causa do declínio do teísmo europeu; parece-me que — embora o instinto religioso esteja em crescimento vigoroso — ele rejeita a satisfação teísta com profunda desconfiança.

54 — O que faz realmente toda a filosofia moderna? Desde Descartes — e de fato mais como desafio a ele do que com bases em seus métodos — todos os filósofos têm cometido um ATENTADO contra o velho conceito da alma à guisa de crítica do

sujeito e do predicado, ou seja, um ATENTADO ao pressuposto fundamental da doutrina cristã. A filosofia moderna, como ceticismo epistemológico, é secreta ou abertamente *ANTICRISTÃ*: embora para ouvidos mais atentos seja dito de modo algum que antirreligiosa. Outrora, na verdade, se acreditava "na alma" como se acreditava na gramática e no sujeito gramatical: dizia-se "eu", que é condição, "penso", que é o predicado, o condicionado — pensar é uma atividade para a qual um sujeito *TEM de* ser considerado como causa. Foram feitas tentativas com admirável tenacidade e astúcia para ver se havia uma forma de sair dessa rede, para ver se o oposto não era talvez verdade: "pensar", a condição; e "eu", o condicionado, quer dizer, nada mais do que uma síntese *FEITA* pelo próprio pensamento. *KANT* realmente desejava provar que, partindo do sujeito, não era possível prová-lo — tampouco o objeto: a possibilidade de uma *EXISTÊNCIA APARENTE* do sujeito, e, por conseguinte da "alma", pode nem lhe ter sido estranha —, pensamento este que já existiu antes na Terra, como diz a filosofia vedanta, com um poder imenso.

55 — Há uma grande escada de crueldade religiosa, com muitos degraus; mas três deles são os mais importantes. Houve um tempo em que os homens sacrificavam seres humanos ao seu deus, talvez aqueles a quem mais amavam — nessa categoria são vítimas os primogênitos de todas as religiões primitivas, e também o sacrifício do Imperador Tibério

na gruta de Mitra na ilha de Capri, o mais terrível dos anacronismos romanos. Depois, durante a época moral da humanidade, sacrificava-se ao seu Deus os instintos mais fortes que se possuíssem, a sua "natureza"; é *ESTA* alegria festiva que brilha no olhar cruel dos ascetas, dos entusiásticos "desnaturados". Por fim, o que havia ainda a sacrificar? Não seria necessário ao final que todo o conforto fosse sacrificado, como também o que tinham de sagrado, salvador, sadio, toda a esperança, toda a fé numa harmonia secreta, na bem-aventurança e justiça futuras? Não era necessário sacrificar o próprio Deus e, para serem cruéis consigo mesmos, adorar a pedra, a estupidez, a gravidade, o destino, o nada? Sacrificar Deus para nada? — esse paradoxal mistério da crueldade suprema foi reservado à geração que desponta; todos nós já sabemos alguma coisa sobre isso.

56 — Quem, como eu, impulsionado por algum desejo enigmático, tenha se esforçado em ir até o fundo na questão do pessimismo e se livrado da estreiteza e simplicidade meio-cristã, meio-alemã com a qual ele se apresentou neste século, isto é, na forma da filosofia de Schopenhauer; quem, com um olhar asiático e superasiático tenha realmente olhado para dentro e penetrado em todos os modos possíveis de pensamento de negação do mundo — além do bem e do mal, e não mais como Buda e Schopenhauer, sob o encanto e ilusão da moral —, quem quer que tenha feito isso, talvez mesmo sem realmente o querer,

abriu os olhos para ver o ideal oposto: o ideal do homem mais atrevido, vivaz e afirmador do mundo não apenas aprendeu a transigir e conformar-se com aquilo que existiu e existe, mas que deseja tê-lo outra vez *COMO ERA E COMO É*, por toda a eternidade, gritando insaciavelmente *da capo*[5] não apenas para si mesmo mas também para a peça e espetáculo inteiro; e não apenas para a peça mas também a quem precisa do espetáculo — e o faz necessário; porque sempre precisa outra vez de si mesmo — Como? Isso não seria — *circulus vitiosus deus*?[6]

57 — Com o poder da visão e da percepção do espírito cresce a distância e com ela cresce o espaço em torno do homem: seu mundo torna-se mais profundo; surgem sempre novas estrelas, novas imagens e novos enigmas. Talvez tudo o que o olho do espírito exercitou com perspicácia e profundidade tenha criado uma oportunidade para o seu exercício, como um jogo, uma brincadeira de criança feita para cabeças infantis. Talvez os conceitos mais solenes que causaram as maiores lutas e sofrimentos, os conceitos de "Deus" e de "pecado", venham nos parecer, um dia, sem importância alguma da mesma maneira que para um homem velho um brinquedo de criança ou uma dor infantil parecem ser — e talvez o "homem velho" necessite de outros brinquedos ou outras dores — ainda bastante infantis: uma eterna criança!

---

[5] Em italiano: "do início".
[6] Em latim: "círculo vicioso de deus".

58 — Já tem sido observado até onde a preguiça ou a meia-preguiça é necessária realmente para uma vida religiosa (assim como para o seu trabalho microscópico preferido de autoanálise e para a sua calma tranquila é chamada de "prece", o estado de perpétua prontidão para a "vinda de Deus"), quero dizer, a preguiça com boa consciência, a velha preguiça que está no sangue, à qual o sentimento aristocrático não é completamente desconhecido? De que o trabalho *DESONRA* — que vulgariza o corpo e a alma? E que, como consequência, o ritmo da laboriosidade moderna, ruidosa, que ocupa todo o tempo, educa e prepara para a "descrença" mais do que qualquer outra coisa? Entre aqueles que, por exemplo, estão atualmente longe da vida religiosa, vivendo na Alemanha, eu encontro pessoas de "livre pensar" das mais diversas espécies e origens, mas acima de tudo uma maioria para a qual a laboriosidade, de geração em geração, dissolveu os instintos religiosos: de tal modo que não mais sabem para que servem as religiões, e apenas constatam a sua existência no mundo com uma espécie de espanto tedioso. Essas pessoas já se sentem bastante ocupadas, essa gente boa, seja por seus próprios afazeres, seja por seus prazeres, sem falar da "pátria", dos jornais e dos "deveres familiares": parece que não lhes sobra tempo para religião; e ainda por cima não lhes parece claro se isso é um novo negócio ou um novo prazer — pois é impossível, dizem eles para si mesmos, ir à igreja somente para estragar o bom humor. Não são de

modo algum inimigas dos costumes religiosos; se certas circunstâncias, ou talvez questões de estado, precisarem de sua participação nesses costumes, fazem o que lhes é exigido, e assim fazem muitas coisas — com uma seriedade paciente e despretensiosa e sem muita curiosidade ou desconforto: — vivem tão apartadas e distantes que não sentem sequer necessidade de ser A FAVOR ou CONTRA qualquer desses assuntos. Entre esses indiferentes está a maioria dos protestantes alemães da classe média de hoje em dia, especialmente nos grandes centros de comércio e negócios; também a maioria dos intelectuais e todo o pessoal das universidades (com exceção dos teólogos cuja existência e possibilidade sempre dão aos psicólogos mais enigmas cada vez mais sutis para decifrar). No lado dos piedosos, ou daqueles que apenas vão às igrejas, há raramente alguma ideia de *QUANTA* boa vontade, diga-se, de vontade arbitrária, é atualmente necessária para que um erudito alemão leve a sério o problema da religião. Por sua profissão como um todo (e como eu disse, por toda laboriosidade profissional ao qual ele é forçado por sua consciência moderna) está inclinado a uma serenidade elevada e quase indulgente em relação à religião à qual se mistura, às vezes, um ligeiro desdém pela "impureza" do espírito que ele presume existir onde quer que alguém ainda pertença à Igreja. É apenas com a ajuda da história (e, portanto, *NÃO* através de sua experiência pessoal) que o erudito tem sucesso em assumir uma seriedade respeitosa, e certa timidez e deferência na presença de religiões; mas mesmo quando seus sentimentos atingiram um estágio de gratidão perante elas, ele não avança um passo em direção àquilo que representa a Igreja ou a devoção; talvez faça o contrário. A indiferença prática às questões religiosas, no meio da qual nasceu e cresceu, nela se vê sublimada geralmente em circunspecção e polidez, que fazem com que evite o contato com os homens e as coisas da religião; e pode ser que justamente a profundidade de sua tolerância e humanidade o coloque pronto a evitar o problema delicado que a própria tolerância traz consigo. — Cada época tem seu divino tipo de ingenuidade, cuja descoberta poderia causar inveja em outras épocas: e quanta ingenuidade — adorável, infantil, tola e sem limites, encontra-se nessa crença de superioridade do erudito, na boa consciência de sua tolerância, na insuspeita e simples certeza com a qual seu instinto trata o homem religioso como inferior e menos valioso, além de, antes e *ACIMA do* qual ele próprio se desenvolveu — ele, o pequeno anão e arrogante plebeu, o incansável e diligente trabalhador, mergulhado de cabeça nas "ideias", as "ideias modernas"!

59 — Quem quer que tenha visto o mundo em profundidade sem dúvida percebeu a sabedoria que existe no fato de os homens serem superficiais. É seu instinto de preservação que lhes ensina a ser frívolos, inconstantes e falsos. Encontra-se entre os filósofos e os artistas, aqui e ali, alguém com uma paixão exagerada pelas "formas puras": ninguém

duvide que quem necessite adorar a superfície de tal modo em algum momento fez um mergulho infeliz por *BAIXO* dela. Talvez haja mesmo uma hierarquia em termos dessas crianças escaldadas, os artistas natos que encontram somente satisfação na vida ao tentar FALSIFICAR sua imagem (como uma vingança que se prolonga pela vida toda), o grau do desgosto que sentem pela vida poderia ser avaliado pelo quanto desejam ver falseada, atenuada, idealizada e divinizada a imagem da vida —, entre os artistas poderia se colocar os *homines religiosi* como os que estão em seu nível *SUPREMO*. É o temor profundo e suspeito de um pessimismo incurável o que obriga milênios inteiros a prender seus dentes em uma interpretação religiosa da existência: é o temor do instinto que pressente que se pode tomar a verdade cedo *DEMAIS*, antes de o homem se tornar forte, duro e artista suficiente... A devoção, a "vida em Deus" vista por esse olhar, surgiria como o produto último e mais elaborado do *temor* à verdade, como adoração embriagada de artista diante da mais lógica de todas as falsificações, como a vontade de inversão da verdade, de não verdade a qualquer preço. Talvez não tenha havido até agora uma maneira mais eficaz de embelezar o homem do que a compaixão: por meio dela o homem pode chegar a tornar-se arte, superfície, um jogo de cores e numa bondade que sua aparência não mais nos ofende a visão.

60 — Amar o homem *POR AMOR A DEUS* tem sido até agora o sentimento mais nobre e mais

remoto que humanidade já alcançou. Esse amor pelo outro, sem nenhuma intenção redentora, no fundo é apenas uma insensatez e uma brutalidade ADICIONAL. Para que essa inclinação ao amor seja obtida é preciso, primeiro, chegar à sua medida, à sua delicadeza, ao seu grama de sal e à sua pitada de âmbar — e quem quer que a tenha "experimentado", embora tenha gaguejado ao tentar expressar um assunto de tal delicadeza, será santificado e respeitado para sempre como o homem que até então voou mais alto e se perdeu da forma mais bela!

61 — O filósofo, como *NÓS*, espíritos livres, o entendemos — como o homem da maior responsabilidade e que tem a consciência do desenvolvimento mais completo do homem —, vai utilizar a religião como um modelo disciplinar em seu trabalho educacional do mesmo modo que vai se utilizar, em cada caso, das condições políticas e econômicas contemporâneas. A influência seletiva e disciplinar — destrutiva, assim como criativa e modeladora — que pode ser exercitada por meio da religião tem aspectos múltiplos e variados, de acordo com as pessoas que são colocadas sob o seu encanto e proteção. Para os fortes e independentes, predestinados e treinados para o comando, nos quais a razão e a arte de uma raça dominante estão incorporadas, a religião é um meio adicional de superar resistências no exercício da autoridade — é um elo de união entre governantes e súditos, que revela e entrega aos governantes a consciência dos súditos, no que nela eles têm de mais íntimo, o

que de bom grado gostaria de escapar à obediência. E, no caso das naturezas únicas de origem nobre, se, em virtude da espiritualidade elevada, se inclinassem sobre uma vida mais retirada e contemplativa, conservando para si apenas as formas mais refinadas de domínio (sobre discípulos escolhidos ou membros de alguma ordem), a própria religião poderia ser usada como meio de se obter paz diante do barulho e do cansaço de modos *MAIS GROSSEIROS* de domínio, e também imunidade segura diante da sujeira INEVITÁVEL de toda agitação política. Os Brâmanes, por exemplo, compreendem tais fatos: com a ajuda de uma organização religiosa, eles garantiam para si o poder de nomear reis para o povo, enquanto seus sentimentos eram induzidos a mantê-los apartados e sem envolvimentos, como homens com uma missão superior e suprarreal. Ao mesmo tempo a religião oferece oportunidade e incentivo para que alguns indivíduos se qualifiquem para o comando e a dominação futura de classes lentamente emergentes nas quais, através de casamentos auspiciosos, a força volitiva e o prazer do autodomínio estão em ascensão. A eles, a religião oferece incentivos suficientes e tentações para aspirar uma espiritualidade mais elevada e provar os sentimentos de autocontrole autoritário, silêncio e solidão: — asceticismo e puritanismo são meios quase indispensáveis de educação e enobrecimento de uma raça que procura elevar-se acima de sua hereditariedade e galgar sozinha em direção ao domínio futuro. E finalmente, para os homens comuns, para a maioria das pessoas que existem para o serviço e para a utilidade geral, e que até agora só tem o direito de existir, a religião lhes dá uma satisfação de valor inestimável, com a múltipla paz do coração qualquer que seja a sua sorte e condição, o enobrecimento da obediência, mais felicidade e mais sofrimento solidários aos demais, com um algo de transfiguração e beleza, um toque de justificação de toda a banalidade, toda a maldade, toda a pobreza semianimal de suas almas. A religião e o significado religioso da vida lançam uma luz de sol sobre esses homens perpetuamente atormentados fazendo com que suportem o próprio estado ao atuar sobre eles como a filosofia epicurista geralmente atua sobre os sofredores de um grau mais elevado sob uma forma restauradora, e refinada, como que TRANSFORMANDO o sofrimento em algo IMPORTANTE que, ao final, chega a santificá-lo e justificá-lo. Talvez não haja nada tão venerável no Cristianismo e no Budismo quanto a sua arte de ensinar aos mais inferiores como se elevar através da compaixão até um padrão aparentemente mais alto e, assim, mantê-los satisfeitos com o mundo real no qual encontram tamanha dificuldade para viver — dificuldade essa muito necessária.

62 — Sem dúvida — para fazer também a contrapartida de tais religiões e trazer à luz seus perigos secretos — o custo é sempre excessivo e terrível quando as religiões *NÃO* atuam como meio educacional e disciplinador nas mãos do filósofo, mas agem por si

mesmas e com SUPREMACIA quando desejam ser o derradeiro fim, e não um dos meios entre outros meios. Há nos homens, como em todas as espécies de animais, um excedente de defeituosos, doentes, degenerados, decrépitos e necessariamente sofredores; os casos bem-sucedidos, também entre homens, são sempre exceções; e uma exceção rara tendo em vista o fato de ser o homem um *ANIMAL AINDA NÃO FIXADO AO MEIO AMBIENTE.* Mas pior ainda. Quanto mais elevado for o tipo que o homem representa, menor é a probabilidade de ele ser *bem-sucedido*: o acidental, a lei do absurdo na constituição geral da humanidade manifesta-se da forma mais terrível em seu efeito destrutivo nos homens das classes mais elevadas, cujas condições de vida são delicadas, diversificadas e difíceis de determinar. Qual então é a atitude dessas duas maiores religiões mencionadas acima em relação aos *excedentes* que fracassaram na vida? Elas se empenham em preservar e manter vivo aquilo que pode ser preservado; com efeito, como religiões *PARA SOFREDORES* assumem o partido deles como um princípio: estão sempre a favor dos que sofrem com a vida assim como sofrem com a doença, e de bom grado tratariam todas as outras experiências de vida como falsas e impossíveis. Embora possamos valorizar bastante esse cuidado indulgente e protetor, na medida em que é aplicado aos outros, foi aplicado e se aplica também aos mais elevados, geralmente o tipo mais sofredor de homem, nas religiões até agora *SOBERANAS* — para apreciá-las de uma maneira geral — estão as maiores causas da manutenção do tipo "homem" num nível inferior — elas preservaram além da conta *AQUILO QUE DEVIA TER PERECIDO*. Devemos agradecer a elas pelos serviços inestimáveis que prestaram; e quem é suficientemente rico com as graças recebidas que não se sinta pobre ao contemplar tudo o que os "homens espirituais" do cristianismo fizeram até hoje pela Europa! Mas quando deram conforto aos sofredores, coragem aos oprimidos e desesperados, uma direção e um apoio aos desamparados e quando atraíram para fora da sociedade os desvalidos e perturbados e os colocaram em monastérios e penitenciárias espirituais: o que mais tinham a fazer senão agir sistematicamente dessa maneira com boa consciência para a preservação de todos os doentes e sofredores, o que significa, de fato e de verdade, agir para a *DEGRADAÇÃO DA RAÇA EUROPEIA? COLOCAR* todas as valorações de cabeça para baixo — *ISSO* foi o que tiveram de fazer! E despedaçar os fortes, arruinar as grandes esperanças, lançar suspeita sobre o prazer da beleza, colocar por terra tudo o que era autônomo, valoroso, conquistador e arrogante — todos os instintos naturais do tipo "homem" mais elevado e bem-sucedido — foram lançados na incerteza, no tormento de consciência, autodestruição; para na verdade inverter todo o amor mundano e o domínio sobre a Terra, transformando-os em ódio contra a terra e tudo o que era terreno — *ESSA* é a tarefa que a igreja impôs a si própria e teve de enfrentar até que, segundo sua estimativa, o "desprendido do mundo", o "desapegado da sensualidade" e o "homem superior" se fundiram num *único* sentimento. Se pudermos observar a comédia estranhamente dolorosa do cristianismo europeu, ao mesmo tempo grosseiro e refinado, com um olhar irônico e imparcial de um deus epicúreo, chego a pensar que jamais cessaríamos nosso entusiasmo e nosso riso; pois realmente não parece que uma simples vontade tenha governado a Europa durante dezoito séculos para fazer do homem um *ABORTO SUBLIME?* Contudo, aquele que com exigências opostas não mais de um modo epicúreo, e com um martelo divino nas mãos pudesse ter acesso a essa degeneração quase absoluta, arbitrária e ao empobrecimento do homem, como o europeu cristão (Pascal, por exemplo), não teria de gritar bem alto e com raiva, compaixão e horror: "Oh, seus estúpidos, o que foi que fizeram com suas mãos, presunçosos estúpidos! Isso não era trabalho para ser feito por suas mãos! Como puderam desfigurar e tratar tão mal minha pedra mais bonita! *Vocês* têm ideia do que foi feito?" — Eu diria que o cristianismo foi, até o momento, a mais nefasta das presunções. Homens sem elevação ou rigidez o bastante para, como artistas, moldar o *HOMEM*; homens sem força ou perspicácia suficiente para *PERMITIR*, com sublime autoconquista, que a lei primeira das mil falhas e perecimento prevalecesse; homens não nobres o bastante para ver os graus de hierarquia radicalmente diferentes e as lacunas entre o homem e o homem:

— *TAIS* homens com a sua "igualdade perante Deus" prevaleceram até então, o destino da Europa; até que por fim surgiu uma espécie diminuta, ridícula, um animal de rebanho, algo bem humorado, doentio e medíocre, o europeu dos dias de hoje...

# Quarta Parte

## Máximas e interlúdios

63 — Quem já nasce professor considera apenas as coisas relativas aos seus alunos — inclusive a si próprio.

64 — "O conhecimento em benefício do conhecimento" é a última armadilha colocada pela moral: e por ela estamos inteiramente emaranhados, mais uma vez.

65 — O encanto do conhecimento seria menor se no caminho não tivéssemos de superar tantos pudores.

65a — Somos extremamente desonestos para com Deus: não *PERMITIMOS* que tenha sequer um pecado.

66 — A tendência a rebaixar-se, a se deixar roubar, a se iludir e ser explorado, poderia ser o pudor de um Deus entre os homens.

67 — O amor a um único ser é uma barbárie, pois é praticado à custa de todos os outros seres. Também o amor a Deus!

68 — "Eu o fiz", fala a minha memória. "Não posso tê-lo feito", fala o meu orgulho e permanece inescrutável. Por fim, a memória se rende.

69 — Olhamos mal a vida, se ainda não percebemos que a mão — com brandura — mata.

70 — Quando se tem caráter, tem-se também a experiência típica que sempre retorna.

71 — O sábio como astrônomo. — Enquanto ainda sentir as estrelas como algo "acima de ti" é porque ainda não tem o olho daquele que vê.

72 — Não é a intensidade, mas a duração dos sentimentos superiores que forja os homens superiores.

73 — Aquele que alcança seu ideal por si só o ultrapassa.

73a — Muitos pavões escondem a cauda de todos os olhares — e chamam a isso de orgulho.

74 — Um homem com gênio é insuportável, se ele não tem pelo menos duas outras características: gratidão e asseio.

75 — O grau e a natureza da sensualidade de um homem atingem até as maiores alturas de seu espírito.

76 — Em tempos de paz, o militante ataca a si próprio.

77 — Com seus princípios um homem busca tiranizar, justificar, honrar, insultar, ou esconder os seus hábitos: já dois homens com os mesmos princípios buscam provavelmente coisas distintas.

78 — Aquele que se despreza preza a si próprio pelo menos como desprezador.

79 — Uma alma que sabe que é amada, mas que não se ama, mostra seus sedimentos — o seu fundo vem à tona.

80 — Algo esclarecido deixa de interessar — O que queria dizer Deus quando aconselhou: "conhece-te a ti mesmo!" Teria por acaso querido dizer: "Deixa de te interessar por ti mesmo! Torna-te objetivo!" — E Sócrates? — E o "homem científico?"

81 — É terrível morrer de sede no mar. Irás salgar a tua verdade de tal modo que ela não poderá mais — matar tua sede?

82 — "Compaixão para todos" — seria crueldade e tirania com *VOCÊ*, meu bom vizinho.

83 — O *INSTINTO*. — Quando a casa está em chamas esquecemos até mesmo do almoço — Sim, mas o recuperamos das cinzas.

84. A mulher aprende a odiar na medida em que seu encanto é perdido.

85 — Os mesmos afetos têm, um *RITMO* diferente para o homem e para a mulher, por conta disso o homem e a mulher nunca deixam de se desentender.

86 — As próprias mulheres têm, no fundo de toda vaidade pessoal, o seu desprezo impessoal — pela "mulher".

87 — *CORAÇÃO ACORRENTADO, ESPÍRITO LIVRE*. — Quando se acorrenta o coração e ele se mantém prisioneiro, pode-se dar ao espírito maiores liberdades: já falei isso uma vez, mas se não acreditam em mim é porque já o sabiam antes.

88 — Começa-se a desconfiar das pessoas muito inteligentes quando elas se tornam embaraçadas.

89 — Experiências terríveis levantam a questão se aquele que as experimenta tem, em si, algo terrível.

90 — Homens pesados e melancólicos se tornam leves e se mantêm por um tempo na superfície precisamente por aquilo que torna outros pesados — por ódio e por amor.

91 — Tão frio, tão gelado, que ao tocá-lo queima os dedos! Cada mão que o toca se retrai! — E exatamente por isso é que muitos pensam que ele é ardente.

92 — Quem é que não se sacrificou alguma vez em favor de seu bom nome?

93 — Na afabilidade entre os homens não há lugar para o ódio, mas por isso mesmo há um excesso de misantropia.

94 — Maturidade do homem: significa ter redescoberto a seriedade que tinha quando criança ao brincar.

95 — Ter vergonha de nossa imoralidade é um degrau da escada ao final da qual teremos vergonha da nossa moralidade.

96 — Deve-se deixar a vida como Ulisses se separou de Nausicaa[1] — bendizendo-a em vez de se enamorar por ela.

97 — Como? Um grande homem? Eu sempre vejo apenas o ator de seu próprio ideal.

98 — Quando se adestra a própria consciência, ela nos beija enquanto nos morde.

99 — O desiludido fala — "Espera ouvir o eco e ouvi nada além de elogio".

100 — Para nós mesmos sempre fingimos ser mais simples do que realmente somos, assim descansamos de nossos companheiros.

101 — Hoje um homem do conhecimento gostaria de sentir-se, sem dúvida, como um Deus tornado animal.

---

[1] Na mitologia grega, Nausicaa (também escrito como Nausicaä ou Nausikaa; em grego Ναυσικᾶ) era filha do rei Alcínoo dos feácios.

102 — A descoberta do amor recíproco deveria desencantar o amante em relação à pessoa amada. "Como? *Ela* é modesta o suficiente para amar-te? Ou suficiente estúpida? Ou — ou —"

103 — O perigo na felicidade. — "Agora tudo está ótimo para mim, agora amo qualquer destino: — quem quer ser meu destino?"

104 — Não é o amor deles pela humanidade, mas a impotência de seu amor que impede que os cristãos de hoje nos mandem para a fogueira.

105 — Ao espírito livre, ao "devoto do conhecimento" — a *pia fraus*[2] é ainda mais repugnante para o gosto (a sua "devoção") do que a *impia fraus*.[3] Daí, a profunda incompreensão do "espírito livre" pela Igreja —, como SUA falta de liberdade.

106 — Graças à música, as paixões se deleitam.

107 — A decisão uma vez tomada fecha os ouvidos até mesmo ao melhor argumento contrário e é um sinal de caráter forte. Embora, ocasionalmente, isso signifique vontade de estupidez.

108 — Não existem fenômenos morais, o que existe é a interpretação moral dos fenômenos...

109 — Com frequência o criminoso não está à altura de seu ato: ele o diminui e o calunia.

110 — Os advogados de um criminoso raramente são artistas o bastante para mostrar alguma beleza na ação terrível cometida em favor de seu executor.

---

[2] Em latim: fraude piedosa.

[3] Em latim: fraude ímpia.

111 — É mais difícil ferir nossa vaidade quando nosso orgulho já foi ferido.

112 — Para aquele que se acha predestinado à contemplação e não à crença, todos os crentes são barulhentos e importunos: e deles ele se defende.

113 — "Queres predispô-lo a teu favor? Então deves embaraçar-te diante dele."

114 — A enorme expectativa das mulheres sobre o amor sexual e a vergonha dessa expectativa estragam todas as perspectivas desde seu início.

115 — Quando não está em jogo nem amor, nem ódio, a mulher desempenha um jogo medíocre.

116 — As grandes épocas de nossas vidas são aquelas em que temos coragem para rebatizar nosso lado perverso como o nosso melhor lado.

117 — A vontade de superar um afeto é, em última análise, apenas a vontade de experimentar outro ou muitos outros afetos.

118 — Há uma inocência da admiração: naquele a quem ainda não ocorreu que possa um dia vir a ser admirado.

119 — Nossa aversão à sujeira pode ser tão grande que impede a nós mesmos de nos limpar — de nos "justificar".

120 — A sensualidade muitas vezes apressa o crescimento do amor de tal modo que a raiz permanece fraca e fácil de ser arrancada.

121 — Há um requinte no fato de Deus ter aprendido o grego quando quis ser escritor — e que não tenha aprendido melhor.

122 — Ficar feliz com um elogio é em muitos casos apenas cortesia do coração — e exatamente o oposto de vaidade do espírito.

123 — Mesmo o concubinato foi corrompido: — através do casamento.

124 — Quem se enche de júbilo exulta nas piras acesas, não triunfa sobre a dor, mas sobre o fato de não sentir a dor que esperava. Uma parábola.

125 — Se temos de mudar de opinião sobre alguém, cobramos caro pela inconveniência que ele nos causa.

126 — Um povo é um desvio da natureza para chegar a seis ou sete grandes homens. — Sim: e em seguida, para evitá-los.

127 — Todas as mulheres corretas consideram a ciência hostil ao seu sentimento de recato. Elas têm a sensação de que ela as vai espreitar sob a sua pele — ou pior ainda, sob as suas roupas!

128 — Quanto mais abstrata a verdade que queres ensinar, mais necessário se torna seduzir a ela e os sentidos.

129 — O diabo possui as mais amplas perspectivas para Deus, e é por causa disso que se mantém tão longe dele: — o diabo, de fato, o mais antigo amigo do conhecimento.

130 — O que uma pessoa *É* começa a se revelar quando seu talento entra em declínio —, quando ele não consegue mais mostrar quanto *PODE*. O talento é também um enfeite; um enfeite é também um esconderijo.

131 — Os sexos se enganam um ao outro: é que na realidade eles honram e amam apenas a si mesmos (ou a seu próprio ideal, para usar uma expressão mais agradável). Assim, o homem deseja que a mulher seja tranquila: mas a mulher é, de fato, *ESSENCIALMENTE* intranquila, como o gato, embora possa bem assumir a aparência de tranquilidade.

132 — Somos mais bem punidos pela nossa própria virtude.

133 — Quem que não pode encontrar o caminho para o *SEU* ideal, vive de forma mais leviana e descarada do que o homem sem ideal.

134 — Vem dos sentidos toda credibilidade, toda boa consciência, toda evidência da verdade.

135 — O farisaísmo não é uma degeneração do homem bom: grande parte dele é, ao contrário, a condição essencial para todo ser bom.

136 — Um busca alguém para dar à luz seus pensamentos, outro busca alguém a quem possa ajudar: assim nasce uma boa conversa.

137 — Nas relações com eruditos e artistas é fácil sermos levados a direções opostas: por detrás de um erudito notável não é raro se encontrar um homem medíocre, e quase sempre por detrás de um artista medíocre — um homem muito notável.

138 — O mesmo que fazemos acordados fazemos em sonho: inventamos e imaginamos a pessoa com quem nos relacionamos — e nos esquecemos dela em seguida.

139 — Na vingança e no amor a mulher é mais bárbara do que o homem.

140 — *CONSELHO EM FORMA DE ENIGMA.* — "Para que o elo não se quebre, morda-o primeiro como garantia!".

141 — O baixo ventre é a causa de o homem não se passar, com tanta facilidade, por Deus.

142 — A mais casta expressão que jamais ouvi: *"Dans le véritable amour c'est l'âme, qui enveloppe le corps".*[4]

143 — A vaidade gostaria que o que fazemos de melhor passasse por ser o que é mais difícil de fazer — sobre a origem de algumas condutas morais.

144 — Quando uma mulher tem inclinações eruditas, há em geral algo errado com sua sexualidade. A esterilidade leva a certa masculinidade de gostos; o homem é, de fato, se assim se pode dizer, "o animal estéril".

145 — Comparando o homem e a mulher de um modo geral, pode-se dizer que a mulher não teria o talento de se enfeitar não tivesse o instinto para um papel *SECUNDÁRIO.*

146 — Aquele que luta com monstros deve ter cuidado para não se tornar um monstro. E se você olhar durante muito tempo para um abismo, o abismo vai também olhar para dentro de você.

147 — De antigas novelas florentinas — e também da vida: *buona femmina e mala femmina vuol bastone.*[5] — (Sacchetti, nov. 86).

---

[4] Em francês: "No amor verdadeiro, a alma é que envolve o corpo."
[5] Em italiano: "Quer seja boa ou má, a mulher merece o bastão!"

148 — Seduzir o próximo para que tenha uma boa opinião a seu respeito e depois acreditar implicitamente na opinião dele — quem é que desempenha tal façanha tão bem quanto as mulheres?

149 — Aquilo que uma época considera como mau, em geral, é um eco inconveniente do que era anteriormente considerado como bom — o atavismo de um antigo ideal.

150 — Em volta do herói tudo se torna tragédia; em torno do semideus tudo se torna um drama satírico, em torno de Deus tudo se torna — o quê? Talvez um "mundo"?

151 — Não basta ter talento: é preciso também a permissão para tê-lo — não é, meus amigos?

152 — "Onde está a árvore do conhecimento sempre está o Paraíso": assim diziam as serpentes mais antigas e as mais modernas.

153 — O que se faz por amor acontece sempre além do bem e do mal.

154 — Objeção, evasão, desconfiança alegre e zombaria são sinais de saúde; tudo o que é absoluto pertence à patologia.

155 — O sentido do trágico aumenta e diminui com a sensualidade.

156 — A loucura nos indivíduos é algo raro — porém, em grupos, partidos, nações e épocas, é regra.

157 — O pensamento do suicídio é um vigoroso consolo: por meio dele se atravessam com sucesso muitas noites más.

158 — Não apenas nossa razão, mas também nossa consciência se submete ao nosso impulso mais forte — o tirano que há em nós.

159 — É PRECISO pagar o bem e o mal; mas por que só para a pessoa que nos fez bem ou mal?

160 — Não mais gostamos tanto do próprio conhecimento após comunicá-lo aos outros.

161 — Os poetas agem sem pudor em relação às suas experiências: eles as exploram.

162 — "Nosso próximo não é nosso vizinho, mas sim vizinho dele" — assim pensam todos os povos.

163 — O amor traz à luz as qualidades ocultas e superiores de um amante — o que é raro e excepcional nele: nesse ponto, ele engana facilmente a sua regra.

164 — Jesus disse aos judeus: "A lei era para os escravos; — Amem a Deus como eu o amo, como seu Filho! O que importa para nós, Filhos de Deus, a moral?"

165 — *EM VISTA DE CADA PARTIDO.* — Um pastor tem sempre necessidade de um carneiro-guia — ou uma vez ou outra terá de ser carneiro, ele mesmo.

166 — Pode-se mentir com a boca; contudo, a careta que a acompanha continua a dizer a verdade.

167 — Para os homens vigorosos a intimidade é objeto de vergonha — e algo precioso.

168 — O cristianismo deu veneno para Eros beber: — ele não morreu disso, mas, com certeza, tornou-se viciado.

169 — Falar muito sobre si pode também ser uma maneira de esconder-se.

170 — No elogio há mais indiscrição do que na censura.

171 — A compaixão em um homem de conhecimento quase produz riso, como as mãos delicadas sobre um ciclope.

172 — Às vezes abraçamos a um ou a outro por amor à humanidade (porque não podemos abraçar a todos): mas não se deve jamais confessar isso a qualquer um.

173 — Não odiamos tanto a quem desprezamos, mas apenas àquele a quem consideramos igual ou superior.

174 — Vocês utilitaristas — vocês também amam o que é *ÚTIL* apenas como *VEÍCULO* para as suas inclinações —, vocês também consideram insuportável o barulho de suas rodas!

175 — Amamos acima de tudo nossos desejos, e não a coisa desejada.

176 — A vaidade dos outros ofende nosso gosto quando ofende a nossa vaidade.

177 — Talvez ninguém tenha sido suficientemente "verdadeiro" em relação à verdade.

178 — Não se acredita em loucuras de homens inteligentes: que perda para os direitos humanos!

179 — As consequências de nossas ações nos agarram pelos cabelos, indiferentes ao fato de termos "melhorado" nesse meio tempo.

180 — Há uma inocência na mentira que é o sinal da boa fé numa causa.

181 — É desumano abençoar onde alguém é amaldiçoado.

182 — A familiaridade dos que são superiores nos amargura porque não podemos devolvê-la.

183 — "Não por teres me enganado, mas por não poder mais crer em ti, me abalou profundamente."

184 — Há uma arrogância na bondade que se parece com maldade.

185 — "Isso me desagrada". — "Por quê"? — "Não sou páreo para isso." — Alguém já respondeu assim?

# Quinta parte

## Pela história natural da moral

186 – A sensibilidade moral na Europa atualmente é tão sutil, tardia, diversificada, sensível e refinada como a "ciência da moral" que lhe diz respeito ainda é recente, iniciante, desajeitada e grosseira: — um contraste interessante que, por vezes, materializa-se e torna-se óbvio na pessoa mesmo de um moralista. De fato, a expressão "ciência da moral" em relação ao que significa é extremamente presunçosa e contrária ao *BOM* gosto —, gosto este antecipado pelas expressões mais modestas. Deve-se confessar, com a justiça suprema, *O QUE* ainda é necessário aqui durante um longo tempo, *O QUE* por si só é adequado para o presente: a saber, a coleta de material e a conceituação e organização de um vasto império de delicados sentimentos e distinções de valores que crescem, vivem, multiplicam-se e perecem — e talvez uma tentativa de tornar claras as formas mais comuns e recorrentes dessas cristalizações de vida — como preparação para uma *TIPOLOGIA* da moral. Com certeza, até o momento, não houve pessoas com modéstia suficiente para isso. Todos os filósofos quando estavam preocupados com a moral como ciência, com uma seriedade pedante e ridícula, exigiram de si algo muito mais elevado, mais pretencioso e cerimonioso: desejaram estabelecer o

*FUNDAMENTO* da moral — e todo o filósofo de então acreditou que havia fundamentado a moral; entretanto, a moral tem sido considerada como uma coisa "dada". Quão longe de seu orgulho desajeitado estava o problema aparentemente insignificante — largado na poeira e decadência — de uma descrição das formas de moral, apesar de que as melhores mãos e sentidos não poderiam ser bons o suficiente para ele! Foi precisamente porque os filósofos da moral mal conheciam os *facta*[1] morais, senão através de leituras de epítomes arbitrários e ocasionais como a moral de seu ambiente, sua posição, sua igreja, do *Zeitgeist*, de seu clima e seu lugar — foi precisamente porque foram mal instruídos em relação a outros povos, eras e épocas passadas, além de não estarem interessados em saber sobre tais assuntos, é que não chegaram a enfrentar os problemas reais da moral de perto — todos os quais emergem apenas quando comparados com *MUITOS* tipos de moral. Em toda "ciência da moral" até o presente momento, por mais estranho que possa soar, *faltava* o problema da moral: nem sequer foi levantada a suspeita de que havia ali qualquer coisa problemática! O que os filósofos chamavam de "fundamento da moral", que se forçaram em perceber, quando visto com claridade, revelou-se apenas uma forma erudita da *BOA-FÉ* na moral dominante, um novo meio de *EXPRESSÃO*, por conseguinte, de um fato existente dentro de uma

---

[1] Em latim: "fato"; "verdade".

moral definida, e até mesmo, em última análise, uma espécie de negação de que fosse *LÍCITO* ver essa moral como um problema — e em qualquer caso o inverso de um teste, da análise, do questionamento e da vivissecção dessa mesma fé. Ouçam, por exemplo, com que inocência — quase merecedora de veneração — Schopenhauer apresenta sua tarefa, e tirem suas próprias conclusões sobre a cientificidade de uma "ciência" cujos últimos mestres ainda falam como crianças e velhas senhoras: "o princípio", diz ele (página 137 dos *Problemas Fundamentais da Ética*), "o axioma sobre o qual todos os moralistas estão *PRATICAMENTE* de acordo: *neminem laede, immo omnes, quantum potes, juve*[2] — é *REALMENTE* a proposição que todos os professores da moral se esforçam em fundamentar... o verdadeiro fundamento da ética que tem sido buscado, como a pedra filosofal, durante séculos". — A dificuldade em fundamentar os argumentos apresentados na referida tese pode ser grande — é bem sabido que Schopenhauer também não foi bem-sucedido em seus esforços —; e quem quer que tenha percebido em profundidade quão absurdamente falsa e sentimental é tal proposição, em um mundo cuja essência é a vontade de potência, deve ser lembrado de que Schopenhauer, embora pessimista, na *VERDADE*, tocava flauta... Diariamente após o jantar: sabe-se disso através da leitura de

[2] Em latim: "Não fira a ninguém, e sim, ajude a todos que puder."

sua biografia. Em todo caso fica uma pergunta: um pessimista, um negador de Deus e do mundo, que detém o poder sobre a moral — que diz Sim à moral e toca flauta, à moral do *laede-neminem*:[3] como? este é realmente um pessimista?

187 — Além do valor de afirmações tais como "há um imperativo categórico em nós", ainda se pode perguntar: o que diz uma afirmação como essa sobre quem a faz? Há morais que devem justificar seu autor frente aos outros; outras buscam tranquilizá-lo e satisfazê-lo; com outras ainda, ele quer ser crucificado e humilhado, com outras, quer vingança, com outras, quer se ocultar, com outras, se glorificar e se destacar e ser colocado nas alturas; essa moral ajuda seu autor a esquecer, essa outra moral faz com que se esqueça de si, ou de alguma coisa de si; muitos moralistas gostariam de exercer poder e disposição criativa sobre a humanidade, muitos outros, talvez até mesmo Kant, nos dão a entender com sua moral que: "aquilo que é respeitável em mim é que eu sei obedecer — e com vocês não *DEVERÁ* ser diferente!" Resumindo: as morais são apenas uma *LINGUAGEM GESTUAL DOS AFETOS.*

188 — Em contraste com o *laisser aller,*[4] toda moral é uma espécie de tirania contra a "natureza" e também contra a "razão", que ainda não é, entretanto,

---

[3] Em latim: "ninguém ferido".

[4] Em francês: verbo: se deixar levar, negligenciar, não se importar e substantivo: negligência, desleixo, indiferença.

nenhuma objeção a menos que se decretasse a partir de alguma moral que qualquer tipo de tirania e irracionalidade seria ilícita. O que é essencial e inestimável em toda a moral é o fato de ela ser capaz de exercer coerção: para se entender o estoicismo, o Port Royal ou o puritanismo, deve-se lembrar da coerção segundo a qual cada língua alcançou sua força e liberdade — a coerção métrica, a tirania da rima e do ritmo. Quantos problemas enfrentaram os poetas e os oradores de todos os povos! Sem excetuar alguns dos autores de prosa de hoje em dia, em cujo ouvido mora uma consciência implacável — "por causa de uma loucura", como dizem os utilitaristas trapalhões e que por isso se acreditam tão sábios — "em submissão a leis arbitrárias", como dizem os anarquistas e que por isso se pensam "livres", até mesmo de espírito livre. O fato peculiar, no entanto, que tudo o que há e houve de liberdade, sutileza, ousadia dança, e segurança magistral na Terra, seja no pensar, no governar, no falar e convencer, na arte assim como na conduta, só se desenvolveu por meio "da tirania de tais leis arbitrárias", e falando seriamente, não é de todo improvável que precisamente isso seja "natureza" e "natural" — e não *laisser aller*! Todo artista sabe quão diferente de se deixar levar é o seu estado "mais natural", o da livre organização, da localização, da disposição e da criação nos momentos de "inspiração" — e de que forma rigorosa e delicada ele obedece então às mil leis justamente porque ridicularizam toda a formulação através de conceitos, por sua própria rigidez e precisão (mesmo o conceito mais estável possui algo flutuante, múltiplo e ambíguo). O essencial "no céu e na terra" é como parece, repito mais uma vez, para que a *OBEDIÊNCIA* seja durável *numa mesma* direção: que resulte em um prazo longo, como sempre resultou, em algo que tem feito a vida valer a pena na Terra; por exemplo, a virtude, a arte, a música, a dança, a razão, a espiritualidade — qualquer coisa que transfigure, que seja refinada, de loucura e de divino. A longa sujeição do espírito, a coerção desconfiada na comunicação das ideias, a disciplina que o pensador se impõe ao pensar segundo as regras de uma igreja ou de uma corte, ou o que esteja de acordo com as pressuposições aristotélicas, a vontade espiritual persistente de interpretar tudo que aconteceu de acordo com um esquema cristão e redescobrir e justificar o Deus cristão em cada acontecimento — toda esta violência, arbitrariedade, severidade, terror e irracionalidade revelou ser o meio disciplinar encontrado pelo espírito europeu para adquirir sua força, sua curiosidade destemida e mobilidade sutil: ainda que, também por isso, muito da força e do espírito se tornaram irrecuperáveis e foram sufocados e estragados no processo (porque aqui, como em toda a parte, a "natureza" se mostra como é, em toda a sua magnificência extravagante e *INDIFERENTE* que nos indigna, mas que é nobre). Se durante séculos os pensadores europeus desenvolveram seu trabalho apenas com a finalidade de provar alguma coisa — hoje em dia, ao contrário, suspeita-se de todo pensador que "deseja provar alguma coisa" — algo que já tinha sido estabelecido de antemão como o que devia *SER* o resultado de seu pensamento mais estrito, como o que devia ser, talvez, na astrologia asiática de outrora, ou ainda nos dias de hoje, inocente interpretação imediata que a moral cristã dá aos eventos pessoais "para a glória de Deus" e "para a salvação da alma" — essa tirania, essa arbitrariedade, essa estupidez rígida e grandiosa, *EDUCOU* o espírito; aparentemente a escravidão, em seu sentido mais grosseiro e também mais refinado, é um meio indispensável mesmo para a criação e recriação espiritual. Podemos ver qualquer moral por este ponto de vista: nele é a "natureza" que ensina a odiar o *laisser aller* e a liberdade muito grande, e estabelece a necessidade de horizontes limitados, de tarefas imediatas — ensina o *ESTREITAMENTO DAS PERSPECTIVAS*, e assim, num certo sentido, ensina que a estupidez é uma condição de vida e crescimento. "Você deve obedecer a alguém, e por longo tempo; *CASO CONTRÁRIO* se encaminha para a perda do derradeiro respeito a si mesmo" — esse me parece ser o imperativo moral da natureza que com certeza não é nem "categórico" como desejava o velho Kant (daí o "caso contrário"), nem tampouco está endereçado ao indivíduo (que importância a natureza dá ao indivíduo!), mas sim aos povos, raças, épocas e classes; mas acima de tudo para todo animal "homem", para o *SER* homem.

189 — Raças laboriosas encontram um grande problema no ócio: foi um golpe de mestre do instinto *INGLÊS* santificar e tornar monótono o domingo a tal ponto que os ingleses desejem inconscientemente os dias de semana e de trabalho: como uma espécie de invenção, de *JEJUM* inteligente e intercalado, assim como aquele que é abundantemente encontrado no mundo antigo (embora não exatamente em relação ao trabalho, como nos povos meridionais). São necessários muitos tipos de jejum por toda parte; e onde prevalecem os impulsos poderosos e os hábitos, os legisladores têm de providenciar que os dias sejam nomeados de forma intercalada, aos quais os impulsos fiquem acorrentados e se sintam famintos outra vez. Vistas por qualquer visão mais ampla, gerações e épocas inteiras, quando se mostram infectadas por fanatismo moral, se parecem com aqueles períodos intercalados de coerção e jejum durante os quais um impulso aprende a se curvar e a se reprimir — para também e, ao mesmo tempo, *PURIFICAR* e *AGUÇAR* a aprendizagem; certas seitas filosóficas da mesma forma admitem uma interpretação similar (por exemplo, a *Stoa*, em meio à cultura helênica, com sua atmosfera carregada de odores afrodisíacos). — Aqui também há uma pista da explicação do paradoxo, porque foi justamente durante o período mais cristão da história europeia, e apenas sob a pressão de juízos de valor cristãos, que o impulso sexual sublimou-se no amor. (*amour-passion*).

190 — Há algo na moral de Platão que realmente não pertence a Platão, mas que apenas se encontra em

sua filosofia, se assim se pode dizer, a despeito dele: isto é socratismo para o qual ele próprio era nobre demais. "Ninguém deseja fazer mal a si mesmo, portanto o mal acontece de maneira involuntária. O homem ruim fere-se a si próprio; não vai fazer isso, entretanto, se souber que o mal é ruim. O homem ruim, portanto, só é ruim por um erro; quem o livrar do erro estará necessariamente lhe fazendo um bem." Esse jeito de raciocinar cheira à *PLEBE* que percebe somente as consequências desagradáveis acarretadas por fazer o mal e praticamente julga que "é uma *ESTUPIDEZ* fazer o mal"; enquanto aceita o "bem" como "útil e agradável", sem pensar mais profundamente. No que diz respeito a todo utilitarismo da moral pode-se, dessa mesma forma, admitir uma origem igual e seguir o seu rastro: vamos errar raramente. — Platão fez o que pôde para interpretar de forma refinada e nobre a doutrina de seu mestre, e para interpretar acima de tudo a si mesmo — ele, o mais temerário de todos os intérpretes, que tirou tudo que pôde de Sócrates na rua, como tema e canção popular, para variá-los ao infinito e ao impossível — ou seja, em todos os seus disfarces e multiplicidades próprias. Falando em tom de brincadeira e ao mesmo tempo em linguagem homérica, que é o Sócrates platônico, se não

πρόσνε Πλάτων όπινέν τε Πλάτων μέσση τε Χίμαιρα[5]

[5] "Platão na frente, Platão atrás, no meio Quimera".

191 — O velho problema teológico da "fé" e do "conhecimento", ou mais claramente do instinto e da razão, a questão de se saber se em termos de valoração das coisas o instinto merece mais autoridade do que a racionalidade, a qual, por razões de um "Por quê?", deseja que se aprecie e se aja de acordo com a conveniência e utilidade, ainda é um velho problema moral, uma vez que surgiu pela primeira vez na pessoa de Sócrates e muito antes do Cristianismo já dividia os espíritos. O próprio Sócrates acompanhando, é claro, o gosto de seu talento — de um dialético insuperável — tomou inicialmente o lado da razão; e de fato, o que fez durante toda a sua vida senão rir-se da incapacidade desajeitada dos nobres atenienses que eram homens de instintos, como todos os nobres, e não podiam dar respostas satisfatórias aos motivos de seus atos? Por fim, entretanto, embora calado e em segredo, ele também riu de si próprio: com sua consciência fina e sua introspecção encontrou nele mesmo igual dificuldade e incapacidade. "Mas por que", disse ele para si próprio, "alguém deve se separar dos instintos por causa disso! É preciso que eles sejam definidos e que *também* a razão tenha bons argumentos para apoiá-los". Esse foi o *ENGANO* daquele grande e misterioso irônico; ele elevou sua consciência até ficar satisfeito com uma espécie de autoengano: na verdade percebeu a irracionalidade do julgamento moral. — Platão, mais inocente em questões como essa, e sem a astúcia dos plebeus,

quis provar com toda a sua força — a maior que um filósofo jamais tivera — que a razão e o instinto levam espontaneamente a um objetivo, ao bem, a "Deus"; e desde Platão, todos os teólogos e filósofos foram pelo mesmo caminho — o que significa que, em matéria de moralidades, o instinto, ou a "fé" que é como os cristãos o chamam, ou "o rebanho" como eu o chamo, até agora tem triunfado. A menos que façamos uma exceção no caso de Descartes, o pai do racionalismo (e consequentemente o avô da Revolução), que reconheceu apenas a autoridade da razão: mas a razão é só um instrumento e Descartes era superficial.

192 — Quem tem acompanhado a história de uma única ciência encontra em seu desenvolvimento uma pista para a compreensão dos processos mais antigos e comuns de todo o "saber e conhecer": em um ou outro caso, em primeiro lugar foram desenvolvidas as hipóteses prematuras, as ficções, a boa e estúpida vontade de "crença" e a falta de desconfiança e paciência — nossos sentidos aprendem tarde, e nunca aprendem completamente, a ser órgãos de conhecimento sutis, confiáveis e cautelosos. Em um dado momento é mais fácil para nossos olhos produzir uma imagem já produzida com frequência do que se fixar sobre o que é diferente e novo numa impressão que exige mais força, mais "moralidade". Para o ouvido escutar alguma coisa nova é difícil e doloroso; ouvimos mal uma música desconhecida. Quando ouvimos o falar de outra língua, tentamos

involuntariamente transformar seus sons em palavras que já conhecemos e com as quais temos maior familiaridade — e foi assim, por exemplo, que os alemães modificaram a palavra falada *ARCUBALISTA* tornando-a ARMBRUST (balista). O novo encontra em nossos sentidos hostilidade e relutância; que, em geral, até mesmo entre os processos "mais simples" da sensualidade, *PREVALECEM* afetos como o medo, o amor, o ódio, e o afeto passivo da indolência. — Assim como hoje em dia um leitor não lê todas as palavras (sem falar nas sílabas) de uma página — prefere ler cinco de cada vinte palavras e "adivinhar" o provável sentido do resto da oração —, nós também não vemos completamente os detalhes de uma árvore, suas folhas, galhos, cores e formas; achamos mais fácil imaginar a sua forma. Mesmo em meio às mais marcantes experiências nós fazemos a mesma coisa; fabricamos a maior parte da experiência e dificilmente somos capazes de contemplar um evento, *A NÃO SER* como "inventores" dele. Isso tudo para dizer: a partir de nossa natureza fundamental e desde as épocas mais remotas fomos *ACOSTUMADOS A MENTIR*. Ou, para expressá-lo de forma mais educada e hipócrita, em suma, mais agradável — somos muito mais artistas do que imaginamos. — Numa conversa animada, com frequência, vejo o rosto da pessoa com quem estou falando tão clara e nitidamente de acordo com o pensamento que ela expressa, ou que eu acredito que passa pela sua cabeça, que esse grau de clareza excede em muito a *FORÇA* de minha faculdade visual — entretanto, a sutileza dos movimentos musculares e da expressão dos olhos *DEVE* ter sido imaginada por mim. É provável que a pessoa tenha feito uma expressão diferente, ou até nenhuma mesmo.

193 — *Quidquid luce fuit, tenebris agit*:[6] mas também o inverso. O que vivemos em sonhos, desde que sonhemos com frequência, pertence tanto às coisas da alma como algo que foi "realmente" vivido: e em virtude disso ficamos mais ricos ou mais pobres, temos mais ou menos exigências, e finalmente somos governados em certo sentido pela natureza de nossos sonhos, em plena luz do dia e mesmo nos momentos de nossa vida em que estamos com nosso espírito desperto. Supondo que alguém sonhe com frequência que está voando e que por fim, enquanto sonha, toma consciência do poder e da arte de voar como um privilégio seu e uma felicidade peculiar invejável sua; tal pessoa que crê nisso pode realizar ao menor impulso toda sorte de curvas e ângulos e, quem sabe, conhece a sensação de certa leveza divina, de um ir "para cima" sem esforço ou tensão, de um ir "para baixo" sem condescendência ou humilhação — sem *peso*! — como pode um homem com tais experiências e hábitos de sonho deixar de encontrar "felicidade" com cores e formas diferentes, mesmo enquanto acordado? Como não

---

[6] Em latim: "Seja o que a luz fizer, a escuridão faz".

iria desejar a felicidade de modo *DIFERENTE*? Em comparação com aquele "elevar", a "elevação", tal como o descrevem os poetas, deve parecer muito terrena, muscular e violenta, muito "pesada".

194 — A diversidade entre os homens não se reflete apenas na diversidade de suas tábuas de bens — se reflete também pela maneira diferente com que avaliam as coisas pelas quais vale a pena lutar e sobre a importância maior ou menor na ordem hierárquica das coisas comuns a todos que são desejáveis — se manifesta muito mais no que consideram ser realmente *TER* e *POSSUIR* algo desejável. Quando se trata de uma mulher, por exemplo, o homem mais modesto considerará que o controle sobre o seu corpo e sua gratificação sexual o preenche plenamente como sinal de propriedade e posse; outro homem mais desconfiado e ambicioso com mais sede de posse vê com "incerteza" a aparência de tal posse e deseja provas mais refinadas a fim de saber se a mulher não só se entrega simplesmente a ele, mas também desiste em seu favor do que ela tenha ou gostaria de ter — para só *ENTÃO* olhá-la como "possuída". Um terceiro não chega sequer ao limite de sua desconfiança e sua vontade de posse, ele se pergunta se a mulher que renunciou a tudo por ele não o fez talvez pelo fantasma dele: ele deseja primeiro ser de fato profunda e completamente conhecido; a fim de ser amado, ele arrisca deixar-se adivinhar. Somente assim sente que possui por completo a pessoa amada, quando ela já não mais se engana sobre ele e quando

o ama por suas diabruras e insaciabilidade, assim como pelo que há de bom nele, sua paciência e espiritualidade. Um homem gostaria de possuir uma nação e todas as grandes artimanhas de Gagliostro e Catalina parecem adequadas ao seu propósito. Outro, com uma ambição de poder mais delicada, diz para si mesmo: "Não se deve enganar onde se deseja possuir" — fica irritado e impaciente com a ideia de que um disfarce nele venha a governar os corações do povo: "Portanto, tenho de me *DEIXAR* conhecer e, primeiro de tudo, conhecer a mim mesmo!" Entre as pessoas benévolas e gentis, quase sempre é possível encontrar a astúcia estranha que em primeiro lugar se mostra àquele que precisa ser ajudado, como se, por exemplo, ele "merecesse" ser ajudado e estivesse precisando justamente da ajuda *DELAS* e se mostrará profundamente grato, afeiçoado e subserviente pela ajuda recebida. Com tais conceitos, elas assumem o controle dos necessitados como se fossem sua propriedade, pois de modo geral são solícitos e prestativos em decorrência de um anseio de propriedade. Achamos que são ciumentos quando os contrariamos ou evitamos a sua caridade. Os pais fazem involuntariamente dos filhos algo semelhante a eles — chamam a isso "educação" —, nenhuma mãe duvida, no fundo de seu coração, que a criança que gerou seja propriedade sua, assim como nenhum pai nega o direito que tem sobre o filho de valer-se de *SEUS PRÓPRIOS* conceitos e valorações. De fato, outrora julgavam certo usar os seus critérios a respeito da vida e da morte dos recém-nascidos (como faziam os alemães antigos). Assim como o pai, também o professor, a classe, o sacerdote e o príncipe ainda veem em todos os novos indivíduos uma oportunidade perfeita para uma nova posse. O que disso resulta é...

195 — Os judeus — povo "nascido para a escravidão", como Tácito e todo mundo antigo se referia a eles: "o povo escolhido entre as nações" como eles mesmos dizem e creem — os judeus realizavam o milagre da inversão de valores, graças à qual a vida na Terra recebeu, há dois milênios, um encanto novo e perigoso. Seus profetas fundiram em uma só as palavras: "rico", "ímpio", "perverso", "violento", "sensual", e pela primeira vez deram um cunho vergonhoso à palavra "mundo". Nessa inversão de valores (à qual pertence a palavra "pobre" como sinônimo de "santo" e "amigo") jaz a importância do povo judeu: com *ELE* começa a *REBELIÃO DOS ESCRAVOS NA MORAL.*

196 — É de se *inferir* que existem inúmeros corpos opacos ao lado do sol — aqueles que jamais veremos. Cá entre nós, isso é uma alegoria; e um psicólogo da moral lê o que está escrito nas estrelas apenas como linguagem alegórica e simbólica na qual podem estar escondidas muitas coisas.

197 — O animal de rapina e o homem de rapina (César Bórgia, por exemplo) são totalmente incompreendidos, como também é alvo de incompreensão a "natureza" até onde se procura uma "morbidez" no fundo desses monstros mais saudáveis e dessas criaturas

tropicais, ou até mesmo, um "inferno" inato neles — o que tem sido feito por quase todo moralista. Não lhe parece que há um ódio dos moralistas pela mata virgem e pelos trópicos? E que o "homem tropical" deve ser desacreditado a todo custo, seja como doença e degeneração do povo, seja como seu próprio inferno e automartírio? Mas por quê? Em favor de "zonas temperadas"? Em favor dos homens temperados? Dos homens "morais"? Dos medíocres? Este é o capítulo "Moral como temerosidade".

198 — Todas essas morais que tratam da pessoa individual visando a sua "felicidade", como se diz — o que são elas senão propostas de conduta relativas ao grau de *PERICULOSIDADE* em que a pessoa vive em si mesma; receitas contra suas paixões, suas propensões boas e más, na medida em que têm vontade de potência e querem representar o papel de senhor; mas pequenos ou grandes atos astuciosos e prudentes com o cheiro de mofo dos velhos remédios caseiros e da sabedoria de mulheres velhas; todas e cada uma delas barrocas e irracionais na forma, porque se dirigem a todos, porque generalizam onde não deve haver generalização autorizada; todas e cada uma falando incondicionalmente, comportando-se incondicionalmente, todas temperadas não apenas com um único grão de sal, mas apenas suportáveis e, às vezes, até mesmo sedutoras, especialmente quando começam a exalar um cheiro perigoso, um cheiro "do outro mundo": isso tudo é medido intelectualmente como de pouco valor e está longe de ser "ciência",

muito menos "sabedoria", mas repito três vezes e digo: prudência, prudência e prudência mesclada com estupidez, estupidez, estupidez — quer se trate de indiferença ou frieza de estátua contra a loucura mal-humorada dos afetos que os estoicos prescreviam e aplicavam; ou do não mais rir e não mais chorar de Espinosa, a redução dos afetos a uma média inocente com a qual é permitido que eles se satisfaçam; o aristotelismo da moral; ou mesmo da moral como satisfação dos afetos, num declínio voluntário e espiritualização pelo simbolismo da arte, sob forma de música, ou talvez de amor a Deus ou ao próximo pelo amor a Deus — nas religiões são conferidos direitos às paixões desde que...; quer se trate afinal do complacente e injustificado abandono dos afetos, como foi ensinado por Hafiz e Goethe, num afrouxamento das rédeas ousado, a *licentia morum*[7] corporal e espiritual nos casos excepcionais dos sábios excêntricos e ébrios para os quais já não há "tanto perigo". Isso também vai para o capítulo "Moral como temerosidade".

199 — Na medida em que em todas as épocas da existência da humanidade, desde que o homem é homem, existiram os rebanhos humanos (clãs, comunidades, tribos, povos, Estados, igrejas), e sempre um grande número que obedeceu a um pequeno grupo que comandou — portanto, constatado o fato de que a obediência tem sido praticada e mantida entre os

[7] Em latim: "liberdade de costumes".

homens até agora, podemos bem supor que, de um modo geral, a necessidade disso é inata em todos como uma espécie de *CONSCIÊNCIA FORMAL*, que ordena: "você deve incondicionalmente fazer isso, ou incondicionalmente se abster disso", em suma, "você deve". Essa necessidade tenta ser satisfeita e preencher sua forma com um conteúdo de acordo com sua força, impaciência e ânsia, e agarra de uma vez só com um apetite onívoro indiscriminado o que é ordenado aos berros, em seus ouvidos, pelos que mandam — pais, professores, leis, preconceitos de classe ou opinião pública. A limitação extraordinária do desenvolvimento humano, a hesitação, a tendência a procrastinar, o retrocesso frequente e lento, é imputável ao fato de que o instinto gregário de obediência é transmitido melhor como herança à custa da arte de comandar. Se imaginarmos esse instinto sendo aumentado até o seu máximo, tanto os comandantes como os indivíduos deixarão de existir ou vão sofrer intimamente de má consciência e em primeiro lugar terão de se iludir para poder mandar, isto é, terão de acreditar que eles também obedecem. Tal estado de coisas é o que existe atualmente na Europa — ao que chamo de hipocrisia moral das classes que comandam. Elas não conhecem outro modo de se defender da má consciência senão fazendo o papel de executoras de ordens mais antigas e mais elevadas (dos antepassados, da constituição, da justiça, da lei, ou mesmo de Deus), ou então através do empréstimo de máximas de rebanho, como "primeiros criados do povo" ou como "instrumentos do bem comum". Por outro lado, o europeu gregário de hoje em dia assume ares de que é a única pessoa qualificada e glorifica essas qualidades como virtudes humanas específicas, tais como o espírito comunitário, a bondade, a deferência, o trabalho, a temperança, a modéstia, a indulgência, a compaixão, responsáveis por sua gentileza, tolerância e utilidade ao rebanho. Mas, nos casos em que se crê que o líder do rebanho ou o carneiro-guia não pode ser dispensado, fazem-se atualmente tentativas e mais tentativas de substituir esse comandante pela somatória de homens de rebanho inteligentes; por exemplo, as constituições representativas têm essa origem. Apesar de tudo, que benção, que alívio de um peso que se tornava insuportável representa para esses europeus de rebanho a figura de um mandante absoluto — a grande demonstração disso é o surgimento de Napoleão e a história de sua influência é quase que a história de uma felicidade maior alcançada naquele século inteiro pelos homens mais dignos, os homens e em seus períodos de maior valor.

200 — O homem das épocas de dissolução que mistura as raças entre si tem em seu corpo uma herança de ascendência multíplice — ou seja, de instintos e normas de valor bastante contraditórios e quase sempre não só contraditórios, que lutam entre si e raramente estão em paz — tal homem de cultura tardia e de poucas luzes será, em média, uma pessoa fraca. Seu desejo fundamental é que a guerra que há

*NELE* chegue ao fim; que a felicidade apareça para ele com os atributos de um calmante e de um modo de pensar (por exemplo: epicurista ou cristão); que seja acima de tudo a felicidade do repouso, da tranquilidade, da fartura, da unidade final — é o "sabá dos sabás" para usar a expressão do retórico sagrado Santo Agostinho, que era um homem assim. Pode, entretanto, surgir, em tal natureza, contrariedade e conflito como incentivo e estímulo *ADICIONAL* à vida — e se, por outro lado, além dos seus instintos poderosos e irreconciliáveis, tiverem sido herdadas e doutrinadas, também, a mestria e a sutileza para continuar em conflito consigo mesmo, ou seja, a faculdade do autodomínio e do autoengano, então surgem aqueles seres maravilhosamente incompreensíveis e inexplicáveis, aqueles homens enigmáticos predestinados à conquista e à sedução, cujos exemplos mais perfeitos são Alcibíades e César (aos quais gostaria de associar o *PRIMEIRO* dos europeus, Frederico II Hohenstaufen, de acordo com meu gosto), e entre os artistas talvez Leonardo da Vinci. Eles surgiram precisamente no mesmo período quando aquele tipo mais fraco, ansioso por repouso, tomou a frente, os dois tipos se complementam e são originários das mesmas causas.

201 — Enquanto a utilidade que determina e avalia a moral for apenas de rebanho, enquanto a preservação da comunidade for somente mantida à vista, e o imoral for encontrado, precisa e exclusivamente, no que parece ser perigoso para a manutenção

da comunidade, não poderá haver "moral do amor ao próximo". Supondo mesmo que haja um pequeno exercício constante de consideração, compaixão, equidade, gentileza e ajuda mútua, supondo mesmo que sob essas condições todos esses instintos já atuem na sociedade e que serão distinguidos por nomes honrados como "virtudes", e que por fim quase coincidirão com o conceito de "moralidade": nesse tempo, eles não pertencem ainda ao domínio das valorações morais — ainda são *EXTRAMORAIS*. No melhor período dos romanos, um ato de compaixão, por exemplo, não é considerado bom ou mau, moral ou imoral; ele deve ser louvado, uma espécie de desprezo ressentido é compatível com esse louvor, e na melhor das hipóteses, é comparável direta e compassivamente com algum ato que contribua para o bem-estar do todo, para a *res publica*.[8] Afinal, o "amor ao próximo" é sempre uma questão secundária, em parte convencional e arbitrária, manifestada em relação ao nosso *TEMOR AO PRÓXIMO*. Após o tecido da sociedade se mostrar totalmente estabelecido e assegurado contra perigos externos, é esse temor ao nosso próximo que cria novas perspectivas de valoração moral. Certos instintos fortes e perigosos, como o amor empreendedor, a temeridade, o rancor, a astúcia, a rapacidade e o desejo de dominar que até então tinham de ser não somente honrados como socialmente vantajosos — sob nomes diferentes, é

---

[8] Em latim: "coisa pública".

claro, dos que demos aqui —, mas adotados e cultivados (por serem perpetuamente necessários devido ao perigo comum contra inimigos da totalidade), são agora considerados instintos de periculosidade duas vezes mais fortes — quando lhes faltam saídas — e são marcados gradualmente como imorais e expostos à difamação. Os instintos e inclinações contrárias atingem agora a honra moral, o instinto de rebanho tira aos poucos suas conclusões. Quanto de perigo, a mais ou a menos, existe para a comunidade ou para a igualdade, numa opinião, numa condição ou afeto, numa disposição ou num dom — que agora passa a ser uma perspectiva moral: aqui mais uma vez o temor é a mãe da moral. É pelos instintos mais elevados e fortes que afloram de maneira apaixonada que o indivíduo é elevado muito acima e além da média e do baixo nível da consciência de rebanho; a autoconfiança da comunidade se acaba e a crença em si mesmo como sua espinha dorsal é quebrada: portanto, como consequência, esses mesmos instintos serão estigmatizados e caluniados. A espiritualidade superior e independente, a vontade de estar só, e até mesmo a razão convincente, são sentidas como perigo: assim como tudo o que eleva o indivíduo acima do rebanho e é fonte de temor ao próximo será daqui por diante chamado de *MAL*; a tolerância despretensiosa, a autoadaptação, autodisposição niveladora, a *MEDIOCRIDADE* dos desejos alcançam a distinção moral e a honra. Finalmente, em circunstâncias muito tranquilas, há sempre menos oportunidade e necessidade de treinar o sentimento de severidade e rigor, e agora todas as formas de severidade, até mesmo a justiça, começam a perturbar a consciência; uma nobreza elevada e autorresponsável chega quase a ofender e a despertar a desconfiança, o "cordeiro", e principalmente a "ovelha", ganha respeito. Na história da sociedade, há um aspecto de doença sutil e delicada, no qual a própria sociedade assume o papel daquele que a fere, o papel do *CRIMINOSO*, e o faz, de fato, de modo sério e honesto. Para ela, punir passa a ser algo de certa forma injusto — é certo que a ideia de "punição" e da "obrigação de punir" passa a ser, então, dolorosa e alarmante. "Não é suficiente que o criminoso se torne *INOFENSIVO*? Por que deveríamos continuar a puni-lo? A punição em si mesma é uma coisa terrível"! — Com essas questões, a moralidade de rebanho, a moral do temor, chega à sua última consequência. Se tivesse sido possível acabar com o temor, com a causa do temor, teríamos acabado também com a sua moral: e ela não seria mais necessária, ela não se consideraria mais necessária! — Quem examinar a consciência do europeu de hoje vai tirar de suas mil dobras e esconderijos morais o mesmo imperativo, o imperativo da timidez do rebanho "queremos que algum dia *NÃO HAJA MAIS O QUE TEMER*!" Em algum ponto — a vontade e o caminho *PARA SE CHEGAR lá* é o que hoje, em toda a Europa, chamamos de "progresso".

202 — Vamos logo de saída dizer mais uma vez o que já dissemos uma centena de vezes, pois

essas verdades — *NOSSAS* verdades — hoje em dia, não são bem-vindas aos ouvidos das pessoas. Sabemos bastante quão ofensivo soa quando alguém inclui o homem, claramente e sem metáforas, entre os animais, mas é para nós quase uma *CULPA* o fato de empregarmos sempre como referência aos homens "de ideias modernas" os termos "rebanho" e "instintos de rebanho" e outras palavras semelhantes. Que importa? Não podemos fazer de outra forma, pois é precisamente aqui que está a nossa nova visão. Descobrimos que, no que diz respeito aos principais juízos morais, a Europa tornou-se unânime, incluindo, da mesma forma, os países onde prevalece a sua influência europeia: evidentemente que se *sabe* na Europa o que Sócrates acreditava não saber e o que a famosa serpente prometia ensinar — hoje elas "sabem" o que é o bem e o que é o mal. Então deve soar duro e desagradável ao ouvido, se nós continuarmos a insistir: aquilo que aqui se julga saber, que aqui se glorifica com louvor e culpa, e é chamado de bom, é o instinto do homem animal de rebanho, o instinto que chegou e continua avançando cada vez mais com mais preponderância e supremacia sobre outros instintos, segundo a crescente aproximação fisiológica daquilo de que é sintoma. *ATUALMENTE A MORAL NA EUROPA É A MORAL DO REBANHO*, que, pela maneira como entendemos as coisas, é apenas *uma* espécie de moral humana, ao lado, diante e depois da qual são possíveis e poderiam existir muitas outras morais, acima de todas as morais MAIS ELEVADAS. Contra tal "possibilidade", contra tal "deveriam", entretanto, essa moral se defende com todas as suas forças e de forma obstinada e inexorável fala: "sou a própria moral e nada mais é moral!" — De fato, com a ajuda de uma religião que se adaptou e adulou os desejos mais sublimes do animal de rebanho, as coisas chegaram a tal ponto que encontramos uma expressão cada vez mais visível dessa moral mesmo na política e nas instituições sociais: o movimento *DEMOCRÁTICO* constitui a herança do movimento cristão. O seu RITMO continua a ser demasiado vagaroso e sonolento para os mais impacientes, para os doentes e perturbados pelo instinto do rebanho, como mostra o crescente uivo sempre expectante e furioso do ranger de dentes dos cães anarquistas que perambulam pelas estradas da cultura europeia: em aparente oposição aos democratas industriosos e ideólogos da revolução laboriosamente pacíficos e ainda mais aos desajeitados pretensos filósofos e aos visionários de fraternidades que se autodenominam socialistas e que querem uma "sociedade livre", todos aqueles que se apoiam em sua hostilidade completa e instintiva contra qualquer forma de sociedade que não seja a do rebanho *AUTÔNOMO* (até mesmo repudiando as noções de "senhor" e "criado" — *ni dieu ni maître*[9] como diz uma máxima socialista —); numa de suas oposições tenazes a todas as

---

[9] Em francês: "nem deus, nem senhor".

afirmações especiais, todos os direitos e privilégios especiais (que significa em última análise oposição a *TODA* espécie de direito, pois, quando todos são iguais, ninguém precisa ter mais quaisquer "direitos"); que apoiam seu descrédito na justiça punitiva (como se ela fosse uma violação dos fracos, injusta às consequências *NECESSÁRIAS* de toda a sociedade anterior); mas igualmente juntos em sua religião de compaixão, em sua compaixão a tudo o que sente, vive e sofre (rebaixando-se até aos próprios animais e até elevando-se a "Deus" — a extravagância da "compaixão por Deus" pertence a uma era democrática —); todos juntos em um grito de compaixão e impaciência, em seu ódio mortal contra o sofrimento em geral, em sua incapacidade quase feminina de permanecer como espectador que se *deixa* sofrer; todos juntos em sua tristeza e coração involuntariamente amolecidos sob o encantamento do qual a Europa parece estar ameaçada por um novo Budismo; juntos em sua crença na moral da compaixão *compartilhada*, mesmo se ela fosse a moral em si mesma, o clímax, o clímax alcançado pelo homem, a única esperança de futuro, o consolo do presente, a grande libertação de todas as obrigações do passado; todos eles unidos na crença na comunidade como *REDENTORA*, e, portanto, no rebanho em "si mesmo"...

203 — Nós, que temos uma crença diferente — nós, que vemos o movimento democrático não apenas como uma forma de decadência das organizações

políticas, mas como equivalente a uma decadência do homem comum, como que envolvendo sua mediocrização e seu valor decrescente: onde é que temos de colocar nossas esperanças? Para *NOVOS FILÓSOFOS*, não há alternativa: em espíritos suficientemente fortes e originais para dar impulso a valorações opostas, transvalorar e inverter "valores eternos"; em precursores e homens do futuro que fixam restrições e apertam o nó no presente e que impõem aos milênios novos caminhos. Ensinar ao homem o futuro da humanidade como sua *VONTADE*, como dependente da vontade humana, e prepará-lo para empreendimentos perigosos e experimentos coletivos de criação e de educação e pôr fim à terrível dominação do absurdo e ao acaso que até agora foi chamado de "história" o absurdo do "maior número" é apenas sua última forma: — para tanto será necessário em algum momento uma nova espécie de filósofo e comandante para os quais tudo o que existiu em segredo na Terra de espíritos terríveis e benevolentes possa se tornar enfraquecido e minorado. É a imagem de tais líderes que paira diante de *NOSSOS* olhos: — posso dizer isso em voz alta, a vocês, espíritos livres? As condições que teriam de ser criadas em parte e utilizadas em parte para a sua origem; os métodos e testes presumíveis através dos quais uma alma poderia se elevar a uma altura e força de tal modo que sentisse a *COAÇÃO* por essas tarefas; a transvaloração de valores sob a pressão nova e o novo martelo para que a consciência se endurecesse em bronze e o coração se transformasse em ferro de modo a poder arcar com o peso de tal responsabilidade; e por outro lado, a necessidade de tais líderes, o terrível perigo de que venham a faltar ou fracassar e degenerar-se: — essas são *NOSSAS* obscuridades e preocupações, que bem conhecem vocês, espíritos livres? Esses são os pensamentos remotos pesados e tempestuosos que varrem o céu de *NOSSA* vida. Há poucas dores tão atrozes quanto haver adivinhado, experimentado ou visto como um homem excepcional se perde em seu caminho e se deteriora; mas aquele que tem a rara visão do perigo universal de que "o homem" por si mesmo se *DEGENERE*, aquele que, como nós, reconhece a extraordinária casualidade que até agora tem desempenhado o seu jogo com o futuro do homem — jogo no qual nenhuma mão, nem sequer o "dedo de Deus" participou! — aquele que pressente a fatalidade escondida sob o descuido idiota e a cegueira confiante das "ideias modernas", e mais ainda sob toda a moral cristã-europeia: sofre de uma angústia que a nenhuma outra se compara. Ele aprende a ver num *só* olhar tudo o que ainda *PODERIA SER CULTIVADO NO HOMEM* através de um acúmulo favorável de forças e tarefas humanas; sabe com toda convicção quão inesgotável ainda é o homem para as grandes possibilidades, e por quantas vezes no passado esse tipo de homem esteve diante de decisões misteriosas e novos caminhos: — sabe ainda melhor através de suas lembranças mais dolorosas, quais obstáculos lamentáveis prometiam a evolução para um nível mais elevado e que o fez em pedaços, o destroçou, o fez naufragar e o tornou desprezível. *A DEGENERAÇÃO UNIVERSAL DO HOMEM* que até hoje os bobalhões socialistas tolos e superficiais veem como rumo ao "homem do futuro" — como o seu ideal! — essa degeneração e diminuição do homem ao patamar de um animal absolutamente de rebanho (ou, como eles chamam, a um homem de uma "sociedade livre"), essa animalização do homem em bicho anão com direitos e deveres iguais é *POSSÍVEL*, sem dúvida! Aquele que pensou nessa possibilidade até suas últimas consequências sabe de outra repugnância desconhecida pelos outros homens — e, também, talvez até de uma nova *TAREFA*!

# Sexta parte

## Nós, os eruditos

**204** — Correndo o risco de que moralizar possa se revelar também aqui o que sempre foi, ou seja, *MONTRER SES PLAIES,*[1] como diz resolutamente Balzac — eu me aventuraria a protestar contra uma inversão hierárquica imprópria ou prejudicial que, de forma imperceptível e como se fosse feita com a melhor das consciências, ameaça atualmente se estabelecer entre ciência e filosofia. Quero dizer que devemos ter o direito à *EXPERIÊNCIA* própria — que ao que me parece sempre implica uma experiência ruim? — e tratar de tal questão tão elevada como hierarquia; de outro modo se vai falar das cores como um cego, ou *CONTRA* a ciência como as mulheres e os artistas ("Ah! Esta terrível ciência!" suspira seu instinto e sua vergonha, "ela sempre descobre as coisas que estão *POR DETRÁS*!"). A declaração de independência do homem de ciência e sua emancipação da filosofia é um dos efeitos secundários sutis da organização e da desorganização democrática: a autoglorificação e a soberba do acadêmico estão agora em plena floração na sua melhor primavera — o que não significa dizer que nesse caso o louvor a si próprio tenha um

---

[1] Em francês: "mostrar suas feridas".

cheiro doce. Aqui também o instinto plebeu clama "Liberdade de todos os senhores!" e após a ciência ter resistido, com os melhores resultados, à teologia da qual foi "serva" durante muito tempo, agora propõe com atrevimento e indiscrição estabelecer leis para a filosofia, e fazer o papel de "senhor" — e, perdoem o que digo, ser *FILÓSOFO* por sua conta e risco. Minha memória — a memória de um homem de ciência, se me dão licença — está abarrotada das insolentes ingenuidades que ouvi sobre filosofia e filósofos de naturalistas jovens e médicos idosos (para não mencionar os mais cultos e vaidosos entre todos os eruditos, os filólogos e professores que são, por profissão, ambas as coisas). Algumas vezes era o especialista com sua fatia de conhecimento que se colocava instintivamente na defensiva contra tarefas e habilidades sintéticas; e logo era o diligente trabalhador que sentia o odor do *OTIUM*[2] e da nobre suntuosidade da frugalidade da alma do filósofo, e por isso se magoava e sentia diminuído. Logo era o daltonismo do utilitarista que não vê nada na filosofia senão uma série de sistemas *refutados*, além de um gasto extravagante que não "faz bem" a ninguém. Logo surgia o temor do misticismo disfarçado e o ajuste dos limites de reconhecimento se tornaram evidentes; logo mais adiante era a negligência de algum filósofo em particular, que involuntariamente se estendia ao descuido de toda filosofia. Em resumo, encontrei

---

[2] Em latim: "ócio".

com mais frequência em jovens acadêmicos, por trás do desdém orgulhoso da filosofia, a influência maléfica secundária de certo filósofo, a quem fora jurada total obediência sem, contudo, se libertarem das suas valorações de desprezo por outros filósofos — acarretando uma má vontade para filosofia como um todo. (Esse me pareceu ser, por exemplo, o efeito secundário de Schopenhauer sobre a Alemanha moderna: por seu furor não inteligente contra Hegel, ele conseguiu separar toda a última geração de alemães de sua conexão com a cultura germânica, que, a bem dizer, representou uma elevação e um refinamento divinatório do *SENTIDO HISTÓRICO*, mas justamente nesse ponto Schopenhauer era tão pobre, insensível e antialemão até em sua genialidade.) No entanto, falando de maneira geral, talvez tenha sido o caráter humano, demasiadamente humano dos próprios filósofos modernos, e, em resumo, o seu menosprezo que ofendeu mais profundamente o respeito pela filosofia e abriu as portas ao instinto da plebe. Reconhece-se até que ponto nosso mundo moderno diverge do estilo do mundo de Heráclito, Platão, Empédocles e daqueles magníficos e reais anacoretas do espírito, que de tantos outros nomes foram chamados, e com que justiça um homem honesto de ciência *PODE* sentir-se de uma família e de uma origem melhor tendo em vista tais representantes da filosofia, que, graças à moda, são elevados às alturas ou ignorados — na Alemanha, por exemplo, os dois leões de Berlim, o anarquista Eugen Dühring e o amalgamista Eduard von Hartmann. Principalmente a visão desses filósofos confusos que se autodenominam "realistas" ou "positivistas" é que pode implantar uma desconfiança perigosa na alma de um acadêmico jovem e ambicioso; como é evidente, não passam de especialistas e acadêmicos, na melhor das hipóteses. Todos eles são homens derrotados que foram *TRAZIDOS DE VOLTA* à dominação da ciência e que num momento ou noutro reivindicaram mais de si mesmos, sem ter direito a esse "mais" e à responsabilidade nele implícita — e que agora com credibilidade, com rancor e de forma vingativa representam em palavra e ato a *DESCRENÇA* na tarefa soberana e na supremacia da filosofia. Afinal, como poderia ter sido diferente? Hoje em dia a ciência está em plena floração e tem a boa consciência claramente visível em seu semblante, enquanto o que representou o naufrágio lento de toda a filosofia moderna, esse vestígio da filosofia atual provoca o descrédito e a desconfiança, quando não sarcasmo e piedade. A filosofia reduzida a uma "teoria do conhecimento", nada mais que uma ciência tímida de época e uma doutrina de tolerância, uma filosofia que nunca vai além do limite, e que NEGA rigorosamente a si própria o direito de ultrapassá-lo — é uma filosofia em seus últimos fôlegos, um fim, uma agonia, algo que desperta piedade. Como tal filosofia poderia — *DOMINAR*!

205 — Os perigos que cercam o desenvolvimento de um filósofo são, de fato, tantos atualmente que se chega a duvidar que os frutos colhidos possam vir

a amadurecer. A torre das ciências atingiu uma extensão e uma altura tão elevadas, e com isso também cresceu a probabilidade de o filósofo cansar-se ainda como estudante sem que venha a "especializar-se" em algo; com isso, deixará de elevar-se à altura, ou seja, de ter do alto uma visão abrangente ao redor e *abaixo* de si. Ou fica tarde demais e quando chega lá o seu melhor tempo e a sua energia já passaram, ou quando se torna deficiente, está alquebrado, deteriorado de tal forma que sua visão crítica e sua capacidade de avaliação perdem a importância. É talvez justamente o refinamento de sua consciência intelectual que o faz hesitar e se deixar ficar no caminho; ele teme a sedução de se tornar um diletante, uma centopeia com mil antenas, pois se está apto a discernir, sabe muito bem que quem perde o respeito por si mesmo já não *comanda* mais como um homem de conhecimento, a menos que aspire se tornar um grande ator, um Cagliostro da filosofia, um encantador espiritual de ratos[3] — em resumo, um sedutor. Em última instância, isso é uma questão de gosto, se não for uma questão de consciência. Para mais uma vez multiplicar por dois as dificuldades do filósofo, há também o fato de ele exigir de si um veredito, um Sim ou um Não, não em relação à ciência, mas em relação à vida e ao valor da vida — ele

[3] No original: *Rattenänger der Geister* (literalmente, apanhador de ratos dos espíritos) é uma alusão de Nietzsche à lenda medieval que deu origem ao "Flautista de Hamelin", que com sua música atraiu os ratos e depois as crianças para fora da cidade".

aprende a contragosto a acreditar que é seu direito e mesmo seu dever obter esse juízo e que somente através das experiências mais amplas — talvez, mais perturbadoras e destrutivas — é que ele pode encontrar o caminho que lhe dará direito à crença, muitas vezes com hesitação, dúvida e dificuldade de expressão. De fato, há muito tempo que o filósofo vem sendo mal entendido e interpretado pela multidão, quer como erudito ideal e como homem de ciência, quer como religioso elevado, destituído de sentidos, "desapegado do mundo" e ébrio de Deus; e mesmo quando se ouve alguém ser louvado por viver "sabiamente" ou "como um filósofo", dificilmente significa nada mais do que viver "prudentemente e recluso". Sabedoria: que para a plebe parece ser uma espécie de fuga, um meio e um artifício para a retirada com sucesso de um jogo que não vai bem; mas o filósofo verdadeiro — não é assim que nos parece, a *NÓS*, meus amigos? — vive de maneira "não lá" filosófica e "não lá" sábia, e acima de tudo *insensata*, e sente o peso e a obrigação de uma centena de tentativas e tentações da vida — arrisca a *SI PRÓPRIO* constantemente, jogando *ESSE* jogo mau...

206 — Em relação a um gênio, quer dizer, um ser que ou *GERA,* ou *DÁ À LUZ* — ambas as expressões entendidas em seu sentido mais abrangente —, o erudito, o homem de ciência mediano, tem sempre em si algo da velha solteirona; pois como ela não tem a menor ideia das duas principais funções do homem. É evidente que tanto o erudito quanto a idosa solteirona

merecem respeito como uma indenização — nesses casos enfatiza-se a respeitabilidade — e ainda por cima, na obrigatoriedade dessa concessão, sente-se uma mistura de decepção. Examinemos isso mais de perto: o que é um homem de ciência? Em primeiro lugar, é um homem como os outros, com virtudes como as dos outros, ou seja: não é uma pessoa dominadora, nem autoritária ou autossuficiente; é industrioso, é paciente em classificar e ordenar as coisas, é estável e moderado tanto em suas habilidades quanto em suas exigências; tem instinto para reconhecer aqueles que lhe são iguais e aquilo de que necessitam — por exemplo: uma fatia de independência e de pastos verdes sem o que não se consegue descansar do trabalho, aquele que pretende a honra e a consideração (que acima de tudo e principalmente requer a capacidade de reconhecer e ser reconhecível), aquele brilho de sol de um bom nome, a ratificação perpétua de seu valor e de sua utilidade, com a qual a *DESCONFIANÇA* íntima que reside no coração de todos os homens dependentes e animais de rebanho tem de ser constantemente superada. O erudito, como convém, também tem doenças e maus hábitos de um tipo ignóbil: é rico em inveja mesquinha e tem um olho de lince pelos pontos fracos das coisas elevadas que não consegue alcançar. É confiante, porém apenas como uma pessoa que segue mas não se *deixa fluir* pela corrente; e que permanece mais frio e reservado diante de quem governa a correnteza — seu olhar é como a superfície plana de um lago sereno, onde não há mais arrebatamento ou compaixão. A coisa pior e mais perigosa da qual o erudito é capaz vem do instinto da mediocridade próprio do seu tipo, do jesuitismo da mediocridade que age instintivamente pela destruição do homem excepcional, e se esforça em quebrar — ou melhor, em diminuir a tensão do arco já armado. Relaxar, porém, com consideração e com uma mão complacente naturalmente — *afrouxar* com compaixão confiante que é a verdadeira arte do jesuitismo, que sempre soube se apresentar como a religião da compaixão.

207 — Por mais que tenhamos gratidão pelo espírito *OBJETIVO* — quem é que já não se sentiu morto de cansaço com toda a subjetividade e sua amaldiçoada ipsissimosidade![4] — entretanto, finalmente, é preciso ter cautela mesmo com a nossa própria gratidão e acabar com o exagero com o qual a autonegação e despersonalização do espírito foram celebradas recentemente, quase como um fim em si, como redenção e transfiguração — como acontece em especial na escola pessimista que também tem, por seu turno, boas razões para prestar as mais altas honrarias ao "conhecimento desinteressado". O homem objetivo, que já não maldiz e profere injúrias como o pessimista, o erudito *IDEAL* no qual floresce vigorosamente o instinto científico depois de milhares de fracassos totais e parciais, é com certeza um dos instrumentos mais

---

[4] *Ipsissimosität* no original: Neologismo criado por Nietzsche para significar um recurso à reafirmação da individualidade e da singularidade e à presença dos indivíduos no mundo.

caros que existem quando nas mãos de quem é mais poderoso. Ele é apenas um instrumento, por assim dizer: um *ESPELHO* — não tem um "propósito em si mesmo". O homem objetivo é na verdade um espelho acostumado a prostrar-se diante de tudo o que quer saber, com prazer apenas implícito no que lhe é dado pelo saber ou pelo "espelhar" — ele aguarda que algo aconteça e aí se desenvolve com brandura para que não se percam em sua pele as pegadas mais leves e os fantasmas dos seres espirituais do passado. Qualquer resquício de "personalidade" que ainda possua pode lhe parecer: acidental, arbitrário ou perturbador; e ele então se vê como a passagem e o reflexo de formas e acontecimentos exteriores. Com esforço faz com que voltem as recordações que tem de "si mesmo", não raro de forma errada; com facilidade se confunde com outras pessoas, atrapalha-se com as próprias necessidades e somente nesse ponto é grosseiro e negligente. Talvez esteja preocupado com a saúde ou com a trivialidade e pequenez da atmosfera restrita da esposa e dos amigos, ou com a falta de companheiros e da sociedade — na verdade, se obriga a refletir sobre seu calvário, mas em vão! O seu pensar logo se desloca para longe, para um caso *MAIS GERAL*, e amanhã ele saberá tão pouco quanto sabia ontem como ajudar a si mesmo. Agora já deixou de se levar a sério e nem dedica seu tempo a si próprio; está sereno, e *NÃO* por falta de conflitos, mas sim por falta de capacidade de segurá-los nas mãos e de lidar com eles. A complacência habitual em relação aos objetos e experiências, a recepção radiante e imparcial com a qual acolhe tudo o que aparece em seu caminho, sua maneira de inconsiderada benevolência, de perigosa indiferença ao sim e ao não: ai de mim! Há casos suficientes de virtudes que ele tem de reparar! — e, como homem, geralmente, ele se torna com facilidade o *caput mortuum*[5] dessas virtudes. Ao se esperar dele amor ou ódio — quero dizer amor ou ódio como os entendem Deus, a mulher e o animal —, ele vai fazer o que lhe é possível e dar o que puder. Mas não devemos nos surpreender se não for muito — se nesse momento se mostrar falso, frágil, questionável e deteriorado. Seu amor é limitado, seu ódio é artificial e é mais um *tour de force*,[6] um leve exagero e ostentação. Ele só é verdadeiro até onde pode ser objetivo; apenas em sua totalidade serena ele continua a ser "natureza" e "natural". Sua alma espelhada que eternamente reflete não sabe mais como afirmar, não sabe mais como negar; ele não mais comanda, nem mais destrói. "*Je ne mépris presque rien*"[7] — diz ele, com Leibniz: não descuidemos nem subvalorizemos o *presque*![8] Nem ele é um homem modelo; não está nem adiante nem atrás de ninguém também; coloca-se em geral afastado o bastante para não ter de tomar partido entre a causa do bem e do

---

[5] Em latim: literalmente "cabeça morta" ou "restos inúteis" (Stone, Jon R., 2005). *Dicionário Routledge de citações latinas*. p. 142.

[6] Em francês: "grande esforço".

[7] Em francês: "eu não desprezo quase nada".

[8] Em francês: "quase".

mal. Se por muito tempo foi confundido com o FILÓSOFO, e com o instrutor e ditador cesáreo da cultura, foram-lhe prestadas muitas honrarias, e mesmo assim aquilo que é mais essencial nele não foi visto — que ele é um instrumento, uma espécie de escravo, certamente do tipo mais sublime de escravo, mas nada em si — *presque rien.*[9] O homem objetivo é um instrumento, um instrumento precioso, facilmente perecível, um instrumento de medição que reflete espelho e se embaça com facilidade, que deve ser manejado com cuidado e respeito, mas que não é objetivo, não é a saída nem a elevação, nem um homem complementar no qual o *RESTANTE* da existência possa se justificar, nem término — e menos ainda um início, uma causa primeira, fecundação, nada de sólido, poderoso, egocêntrico que aspira a dominar, mas, antes, somente algo suave, leve, delicado como um vaso de oleiro, que precisa esperar um conteúdo para definir sua "forma" — em geral, um homem sem forma e conteúdo, um homem "sem si". Consequentemente, também, um nada para as mulheres, *in parenthesi.*[10]

208 — Se um filósofo atualmente dá a entender que não é uma pessoa cética — espero que isso tenha ficado subentendido na descrição que fiz do significado de espírito objetivo —, todos o ouvem sem querer ouvir e o olham com algum receio, pois gostariam de

---

[9] Em francês: "quase nada".
[10] Em latim: "entre parênteses".

fazer muitas perguntas, perguntas... e, de fato, entre ouvintes temerosos, dos quais há muitos hoje, ele é doravante considerado perigoso. Com seu repúdio ao ceticismo, parece-lhes que ao longe ouviram uma ameaça malévola, como se, em algum lugar, um novo tipo de explosivo estivesse sendo experimentado; uma dinamite do espírito, talvez uma nova niilna[11] russa, um pessimismo *bonae voluntatis,*[12] que não só nega como quer negar, mas — terrível pensamento! — *PRATICA* o não. Contra esse tipo de "boa vontade" — uma vontade de negação à vida real e verdadeira — não existe, como se sabe atualmente, nenhum soporífero ou sedativo melhor do que o ceticismo, a papoula sonífera suave e agradável do ceticismo; e até mesmo Hamlet agora é prescrito pelos médicos de hoje como um antídoto contra o "espírito" e seu rumor subterrâneo. "Nossos ouvidos não estão cheios de ruídos perversos?", pergunta o cético como amante do silêncio e uma espécie de polícia de segurança: "este não subterrâneo é terrível! Façam silêncio, toupeiras pessimistas!" E, com efeito, o cético, esta criatura delicada, assusta-se com facilidade; sua consciência está treinada assim para assustar-se a cada não, e até mesmo a um sim duro e decidido e sente isso como se tivesse sido mordido. Sim! e não! parecem se opor à moral; ele gosta, ao contrário de festejar sua virtude por meio

---

[11] Neologismo formado a partir de *nihil* (nada em latim.)
[12] Em latim: "de boa vontade".

de uma nobre abstinência enquanto talvez fale como Montaigne: "Que sei eu?", ou como Sócrates: "Eu sei que nada sei". Ou: "Aqui não confio em mim mesmo, nenhuma porta está aberta para mim". Ou "Mesmo se a porta estivesse aberta, por que eu deveria entrar imediatamente?", ou: "Para que serve uma hipótese precipitada? Talvez seja de bom gosto não formular qualquer hipótese. Será que vocês têm obrigação de endireitar tudo o que está torto? Ou de tampar todos os buracos com alguma espécie de estopa? Não há tempo suficiente para isso? O tempo não tem descanso? Ó, vocês, demônios, não podem *ESPERAR*? O incerto também tem seus encantos, a Esfinge também é uma Circe e Circe também era uma filósofa". Dessa maneira um cético se consola, e na verdade precisa de algum consolo. Pois quc o ceticismo é a maior expressão espiritual de uma condição fisiológica múltipla que numa linguagem corrente é chamada de debilidade nervosa e morbidez; surge sempre que raças ou classes que há muito foram separadas são misturadas de forma súbita e decisiva. Nas novas gerações que herdaram padrões e valores diferentes em seu sangue, tudo é inquietude, insanidade, dúvida e tentativa; os melhores poderes agem de forma restritiva, as próprias virtudes ficam impedidas de crescer e se tornarem fortes, faltam o equilíbrio, o lastro e a estabilidade perpendicular ao corpo e à alma. Entretanto, o que mais adoece e degenera nessas pessoas miscigenadas é a *VONTADE*: elas não estão mais familiarizadas com a independência de decisão ou o corajoso e ousado prazer no querer — duvidam até mesmo em sonhos da "liberdade da vontade". A Europa de nossos dias atuais, cenário de uma tentativa sem sentido e precipitada de uma mistura radical de classes e *CONSEQUENTEMENTE* de raças, é por isso totalmente cética em todos seus altos e baixos, ora mostra o ceticismo móvel que impaciente e arbitrário pula de galho em galho, ora um aspecto sombrio como uma nuvem sobrecarregada de pontos de interrogação — quase sempre mortalmente doente por sua própria vontade! Paralisia da vontade, onde não encontramos hoje em dia este aleijado! E quão enfeitado, quão sedutoramente ornamentado! Há os trajes de gala mais finos e os melhores disfarces para essa doença e, por exemplo, na maior parte das vezes se colocam nas vitrines como "objetividade", "cientificidade", *"L'art pour l'art"*[13] e "conhecimento puro e livre da vontade", não passam de ceticismo enfeitado e paralisia da vontade — estou preparado para responder por esse diagnóstico da doença europeia. A doença da vontade está difundida desigualmente na Europa, ela é pior e mais diversificada onde a cultura existe há mais tempo e desaparece onde os "bárbaros" ainda — ou uma vez mais — afirmam seus direitos sob a roupagem frouxa da educação Ocidental. É, portanto, na França de hoje, como pode ser prontamente comprovado, que a vontade está mais debilitada, e a França,

[13] Em francês: "arte pela arte".

que sempre mostrou uma aptidão magistral para converter até as maiores crises do seu espírito em algo encantador e sedutor, agora se manifesta enfaticamente como escola e demonstração de todo o encanto e ceticismo na sua ascendência cultural sobre a Europa. O poder do querer e da persistência, acima de tudo, em uma resolução, já se mostra de alguma forma mais forte na Alemanha, e outra vez no norte de Alemanha é mais forte do que em seu centro; e é consideravelmente mais forte na Inglaterra, na Espanha e na Córsega, com a fleuma dos primeiros e as cabeças duras dos últimos — sem falar da Itália, que ainda é muito jovem para saber o que quer e precisa primeiro mostrar se pode exercer a vontade, mas é o mais forte e mais surpreendente de todos os países desse imenso império do meio onde a Europa se liga à Ásia — isto é, a Rússia. Lá, o poder do querer afastado e acumulado por um longo tempo não espera a vontade incerta — mesmo negativa ou positiva, não se sabe — ser acionada ameaçadoramente (para pedir emprestada a palavra que usam os nossos físicos). Talvez não sejam necessárias guerras na Índia e complicações na Ásia para assegurar que a Europa fique livre de sua maior ameaça, mas também subversão interna, destruição do *REICH*[14] em pequenos estados, e, sobretudo, a introdução da imbecilidade parlamentar, com a exigência de cada um ler seu jornal durante o café da manhã. Não falo isso como

[14] Em alemão: "império"; "reino".

quem desejasse tal coisa, em meu coração preferiria o contrário — percebo um aumento da atitude de ameaça da Rússia para a qual a Europa terá de se tornar igualmente ameaçadora — isto é, *ADQUIRIR UMA VONTADE ÚNICA* por meio de uma nova casta que dominasse o continente, uma vontade própria persistente e terrível que pudesse se colocar mil anos à frente — de modo que a comédia de seu pequeno estatismo em desenvolvimento e de sua pluralidade dinástica e democrática pudesse por fim ser extinta. Não estamos mais no tempo da política pequena; o próximo século vai trazer a luta pelo domínio do mundo — a *COAÇÃO* pela grande política.

209 — Até onde uma nova era de guerras nas quais nós, europeus, evidentemente entramos poderia vir a favorecer o crescimento de outra espécie de ceticismo ainda mais forte; é uma questão sobre a qual eu gostaria de me expressar preliminarmente através de uma parábola que os amantes da história da Alemanha vão compreender imediatamente. Aquele entusiasta sem escrúpulos por granadeiros fortes e vistosos que, como Rei da Prússia, tornou-se um gênio militar e cético — e que agora, vitoriosamente, se avista esse novo tipo de alemão — o problemático e louco pai de Frederico, o Grande, tinha por *um* lado o domínio e a feliz garra: sabia o que faltava então à Alemanha: uma carência centenas de vezes mais alarmante e grave do que qualquer deficiência educativa e social — sua hostilidade ao jovem Frederico era resultado da angústia de um instinto

profundo. *FALTAVAM HOMENS*; e ele suspeitou com amargo desgosto que seu próprio filho não era homem o suficiente. Contudo, foi aí que se enganou; mas quem em seu lugar não teria feito o mesmo? Ele viu seu filho converter-se ao ateísmo, ao *ESPRIT*,[15] à frivolidade agradável e espirituosa dos franceses e viu, por trás dele, a grande sanguessuga e o ceticismo da aranha; suspeitou da miséria incurável de um coração que já não tem mais a resistência para o mal ou para o bem, e de uma vontade despedaçada que já não tem mais como ordenar, que não mais é *CAPAZ* de ordenar. Nesse meio tempo, entretanto, desenvolveu-se em seu filho aquela nova espécie de ceticismo mais resistente e perigoso — quem sabe *ATÉ QUE PONTO* isso não teria sido justamente fomentado pelo ódio de seu pai e pela tristeza gelada de uma vontade condenada à solidão? — o ceticismo da masculinidade arrojada, que tem tudo a ver com o gênio voltado para a guerra e a conquista, e que fez sua primeira aparição na Alemanha encarnado na pessoa do grande Frederico. Esse ceticismo despreza, mas agarra; mina e assume a posse; descrê, mas também não se perde a si mesmo; dá ao espírito uma liberdade perigosa, mas mantém a estrita guarda ao coração. É a forma *ALEMÃ* de ceticismo, que, como um fredericianismo continuado elevou-se até a mais alta espiritualidade e manteve a Europa durante um longo período sob o domínio do espírito

---

[15] Em francês: "espírito, mente".

alemão e sua desconfiança crítica e histórica. Graças ao caráter insuperavelmente forte e persistente dos grandes filólogos e críticos históricos alemães (que a bem dizer foram também artistas da destruição e da dissolução), foi que se estabeleceu gradualmente um *NOVO* conceito do espírito alemão — apesar de todo o Romantismo na música e na filosofia — no qual era notável a inclinação a um ceticismo decididamente masculino que fosse, por exemplo, como coragem no olhar, na coragem e dureza da mão que disseca, ou como vontade resoluta de empreender perigosas viagens de descobrimento, espiritualizadas expedições ao Polo Norte sob os céus estéreis e perigosos. Pode haver um bom motivo para tudo isso, quando homens humanitários superficiais e de sangue quente se benzem para enfrentar esse espírito, *Cet esprit fataliste, ironique, méphistophélique,*[16] como o chama Michelet, não sem um estremecimento. Mas se desejarmos entender quão característico é o temor que há nesse "homem" do espírito alemão que despertou a Europa de seu "dormitar dogmático", basta que nos lembremos do conceito anterior que teve que ser superado por ele — e não faz assim tanto tempo de uma mulher masculinizada, com desabrida presunção, ousou recomendar os alemães aos interesses da Europa como gentis, bonachões, preguiçosos e sentimentais. Por fim, entendamos, em profundidade, o espanto de Napoleão, que ao

[16] Em francês: "este espírito fatalista, irônico e mefistofélico".

ver Goethe percebeu aquilo que foi considerado por muitos séculos como o "espírito alemão": "*Voilá un homme*! — quer dizer: "Eis um *HOMEM*! E eu que esperava apenas um alemão!".

210 — Supondo, então, que algum traço nos leve a estipular na imagem dos filósofos do futuro que eles terão de ser céticos no sentido a que fizemos alusão, anteriormente, por meio disso, estaríamos fazendo alusão a algo deles — e *não* a eles mesmos. Com o mesmo direito se poderiam nomear críticos, e com certeza seriam homens de experimentos. Com o nome pelo qual ousei batizá-los, já expressei enfaticamente sua tentativa; e seu amor pela tentativa é assim porque, como críticos de corpo e alma, amam fazer experiências num sentido talvez mais amplo e mais perigoso. Em sua paixão pela busca do conhecimento, eles terão de levar suas tentativas ousadas e dolorosas mais adiante do que o gosto mimado e sensível de um século democrático pode aprovar? — Não há dúvida: os vindouros estarão menos propensos a desprezar as qualidades sérias e escrupulosas que distinguem os críticos dos céticos, ou seja, a certeza quanto aos padrões de valor, a manipulação consciente de uma unidade de método, a coragem cautelosa, o estar sozinho e a capacidade de autorresponsabilidade, sem dúvida, vão admitir entre eles mesmos um *PRAZER* de dizer Não e da dissecção, e a crueldade disciplinada de quem sabe como segurar uma faca com habilidade e firmeza mesmo quando o coração sangra. Serão

mais *DUROS* (e talvez nem sempre apenas contra si próprios) do que os homens humanos podem desejar, eles não vão lidar com a "verdade" de modo que ela os "agrade" ou os "eleve" e os "entusiasme" — em vez disso terão muito pouca fé de que a *VERDADE* lhes traga satisfação aos sentimentos. Tais espíritos rigorosos vão sorrir quando alguém em sua presença disser: "este pensamento me eleva, como então não seria verdadeiro?" ou "esta obra me encanta, por que então não deveria ser bela?" ou "este artista me engrandece, por que então não seria grande? — Talvez não tenham apenas um sorriso mas também um asco genuíno por tudo o que seja arrebatador, idealista, feminino e hermafrodita, e se pudéssemos penetrar no interior de seus corações, não iríamos facilmente encontrar lá a intenção de reconciliar "sentimentos cristãos" com "gosto antigo" ou até mesmo com o "parlamentarismo moderno" (tal espécie de reconciliação vai ocorrer necessariamente até entre os filósofos neste nosso século cheio de incertezas e, portanto, conciliador). Esses filósofos do futuro não só exigirão de si a disciplina crítica e o hábito que leve a limpeza e a austeridade em matéria de espírito como é provável que também passem a exibi-los como um adorno especial — contudo não vão querer ser chamados de críticos por causa disso. A eles lhes parecerá não uma pequena desonra à filosofia que ela seja decretada, como se aceita hoje em dia "a filosofia mesma é a crítica em si e a ciência da crítica — e nada mais além disso". Embora essa valoração da filosofia possa desfrutar a aprovação de todos os positivistas da França e da Alemanha (e até mesmo possível que agradasse ao coração e ao gosto de *Kant*: lembremo-nos dos títulos de suas obras principais), nossos novos filósofos, não obstante, dirão que os críticos são instrumentos dos filósofos e que, por conta disso, como instrumentos, estão longe de ser eles próprios filósofos! Até mesmo o grande chinês de Königsberg era somente um grande crítico.

211 — Eu insisto que as pessoas por fim deixem de confundir os operários filosóficos e, de um modo geral, os homens de ciência com os filósofos — e que aqui, precisamente, dê-se "a cada um o que é seu", e não demais a uns e pouco a outros. Talvez fosse necessário para a educação do verdadeiro filósofo que ele tivesse passado por todos os níveis sobre os quais permanecem e que *TÊM* de permanecer os seus escravos, os operários científicos da filosofia; ele, por sua vez, deve ter sido, talvez, crítico, dogmático e historiador, além de poeta e colecionador, viajante e intérprete de enigmas, moralista e vidente, "espírito livre" e quase tudo, para poder percorrer os valores humanos e sentimentos de valor e ser CAPAZ de olhá-los com muitos olhos e consciências, a partir da altura para qualquer distância, da profundeza para qualquer altura, de um nicho para toda vastidão. Contudo, essas são apenas condições preliminares para a realização de sua tarefa; tarefa esta que exige algo mais — exige que ele *CRIE VALORES*. Os

operários filosóficos depois dos padrões excelentes colocados por Kant e Hegel têm de estabelecer e formular os conjuntos de valores existentes — ou seja, as antigas posições *DE VALOR*, criações de valores, que se tornaram dominantes e foram durante certo tempo chamadas de "verdades" — seja no domínio do *LÓGICO*, do *POLÍTICO* (moral) ou do *ARTÍSTICO*. Cabe a eles, investigadores, descobrir os acontecimentos e o que até agora tem sido especulado, evidente, inteligível, e controlável, resumir isso tudo, até mesmo o próprio "tempo" e *DOMINAR* todo o passado: uma tarefa imensa e maravilhosa, na realização da qual todo o orgulho refinado, toda a vontade tenaz pode com certeza obter satisfação. *OS VERDADEIROS FILÓSOFOS SÃO ORDENADORES E LEGISLADORES*; dizem: "é *ASSIM* que deve ser!", determinam o para onde? e o para quê? do homem, e, ao fazer isso, colocam o trabalho prévio dos operários filosóficos e dos que dominaram o passado a seu dispor — agarram-se ao futuro com mãos criadoras, e o que quer que seja e tenha sido passa a ser para eles um meio, um instrumento, um martelo. O seu "conhecer" é *CRIAR*, sua criação é legislar, o seu querer à verdade é *VONTADE DE POTÊNCIA*. — Existem filósofos como esses atualmente? Já existiram alguma vez tais filósofos? Tais filósofos não devem existir?...

212 — Para mim fica cada vez mais óbvio que o filósofo, como homem imprescindível ao amanhã e ao depois de amanhã, sempre se encontrou ou foi OBRIGADO a se encontrar em contradição

com o seu hoje: seu inimigo tem sido sempre o ideal de hoje. Até aqui, todos esses promotores extraordinários do homem a quem chamamos de filósofos — e que raramente se viam como amantes da sabedoria, mas, em vez disso, como loucos desagradáveis, enigmáticos e perigosos — a sua difícil tarefa, indesejada e irrefutável (e, no entanto, ao final, a grandeza de sua tarefa) foi considerada como a má consciência de sua época. Ao colocar o bisturi da vivissecção no peito das *VIRTUDES DE SUA ÉPOCA*, eles traíram seu próprio segredo: conhecer uma *NOVA* grandeza do homem, um novo caminho ainda não trilhado para o seu engrandecimento. Toda vez que mostraram às claras quanto de hipocrisia, indolência e de entrega ao que viesse, quanto de falsidade estava escondida sob o tipo mais respeitado da moralidade contemporânea, quanto de virtude estava *ULTRAPASSADA* cada vez que disseram: "Temos de chegar lá, mais adiante, onde hoje *VOCÊS* se sentem menos em casa". Em face de um mundo de "ideias modernas", que gostaria de confinar cada pessoa em um canto e em uma "especialidade", um filósofo, se é que eles existem hoje em dia, seria obrigado a colocar a grandeza do homem, o conceito de "grandeza", justamente em sua amplidão e variedade de formas, em toda a sua abrangência; de forma tal que pudesse, ele mesmo, determinar o valor e o grau de acordo com a quantidade e a diversidade de coisas que cada homem pode suportar e aceitar, até onde fosse possível estender sua responsabilidade. Hoje em dia, o gosto e a virtude da época enfraquecem e diluem a vontade, nada está tão adaptado ao espírito da época do que a fraqueza da vontade e, consequentemente, no ideal do filósofo, devam ser incluídas em seu conceito de "grandeza", a força de vontade, o rigor e a capacidade de adotar resoluções duradouras da mesma maneira que a doutrina oposta e o ideal de uma humanidade altruísta, humilde, abnegada eram adequados a uma época oposta — como a do século XVI que sofria do acúmulo de energia de vontade, e de torrentes e inundações de egoísmo. No tempo de Sócrates, apenas entre os homens de instinto cansado, entre os velhos atenienses conservadores que se deixavam levar — "para a felicidade", como se dizia, e em nome do prazer a que se entregavam — e com isso continuavam a manter nos lábios as velhas palavras pomposas que já tinham perdido o sentido na vida que levavam, a *IRONIA* talvez fosse necessária ao engrandecimento da alma, a perversa segurança socrática do velho médico e do plebeu que cortava brutalmente sua própria carne, assim como a carne e o coração do "nobre", com um olhar que por si só já dizia bem claro: "não dissimule perante mim! Aqui — somos iguais!". Atualmente, ao contrário, quando por toda a Europa o animal de rebanho recebe honras e as concede, quando a "igualdade de direitos" pode ser prontamente transformada em igualdade de injustiças: quero dizer, numa guerra comum contra tudo o que é raro, estranho e privilegiado ao homem superior, à alma superior, ao dever superior, à responsabilidade superior, à plenitude do poder criativo e à arrogância de dominar — atualmente ser nobre, querer se destacar para ser diferente, para ficar sozinho, viver de forma autossuficiente, fazem parte do conceito de "grandeza"; e o filósofo revelará algo de seu próprio ideal ao afirmar: "terá maior grandeza aquele que puder ser o mais solitário, o mais oculto, o mais divergente, o homem além do bem e do mal, o senhor de suas virtudes e da superabundância de sua vontade; isso será chamado de *GRANDEZA*: tão diversificado quanto inteiro, tão amplo quanto completo". E perguntando mais uma vez: Será *POSSÍVEL* tal grandeza hoje em dia?

213 — É difícil aprender o que significa ser filósofo, porque isso é algo que não pode ser ensinado: temos de "sabê-lo" por experiência própria, ou então ter o orgulho de *NÃO* querer saber. É verdade que atualmente todo mundo fala de coisas sobre as quais não se *pode* ter qualquer experiência, especialmente e infelizmente sobre filósofos e os estados filosóficos: — e poucos as conhecem, e a poucos é dada a oportunidade de conhecê-las, e todas as ideias populares que se tem sobre isso são falsas. Assim, por exemplo, a combinação verdadeiramente filosófica de uma espiritualidade atrevida, exuberante, que corre em ritmo *presto*, e uma necessidade e um rigor dialético que não dão um passo em falso e que são experiências desconhecidas pela maioria dos pensadores e intelectuais e, portanto, se alguém

falasse sobre isso para eles não receberia crédito. Eles concebem toda necessidade como angustiante, como penosa, como obediência compulsória e doloroso estado de constrangimento; o próprio pensar é por eles encarado como algo vagaroso e hesitante, quase como uma fadiga, e frequentemente como algo "digno do *SUOR* dos nobres" — mas de maneira nenhuma como algo fácil e divino, parecido com a dança e a petulância! "Pensar" e "levar uma questão a sério", "arduamente" — é a mesma coisa para eles; essa tem sido a sua "experiência". — Os artistas talvez tenham uma percepção mais refinada: sabem muito bem que quando já não há nada a fazer de "arbitrário" e tudo o que era necessário foi feito, seus sentimentos de liberdade, de sutileza, de poder, de criatividade em fixar, modelar e dispor atingiram o clímax — em suma, a necessidade e a "vontade livre" para eles se unem numa mesma coisa. Há, enfim, uma hierarquia de estados mentais à qual corresponde uma hierarquia dos problemas; e os problemas de ordem mais elevada repelem de forma implacável aqueles que se aventuram a deles se aproximar sem estarem predestinados à sua solução, quer pela sua elevação, quer pelo poder de sua espiritualidade. Para que servem as pressões que fazem os sabichões do dia a dia, os mecanicistas honestos ou os empiristas desajeitados com sua ambição plebeia na sua vizinhança com a tal tentam ter "a corte das cortes" — como acontece com frequência hoje em dia? Mas pés ásperos jamais deveriam pisar sobre tais tapetes: disso já cuidou a lei fundamental das coisas; as portas permanecem fechadas para os intrusos, embora eles possam tentar quebrá-las a cabeçadas. As pessoas têm de ter nascido para ocupar uma posição elevada, ou, para falar mais claramente, tem de ter sido *CRIADAS* para isso: o direito à filosofia — tomando essa palavra em sua mais ampla acepção — graças à sua ascendência; seus ancestrais e o seu "sangue", que é também decisivo. Muitas gerações devem ter preparado o caminho para a chegada do filósofo; cada uma de suas virtudes deve ter sido adquirida separadamente, alimentada, transmitida e incorporada; não só o fluxo do curso claro, fácil, delicado de seus pensamentos, mas acima de tudo a disposição para assumir grandes responsabilidades, a soberania da visão que domina e que olha o que está embaixo, o sentimento de separação da multidão e seus deveres e virtudes, o carinhoso amparo e a defesa de tudo o que é mal entendido ou caluniado, seja Deus, seja o diabo, o prazer e a prática da justiça suprema, a arte de comandar, a amplidão da vontade, o olhar vagaroso, que raramente se admira, que raramente se ergue, que raramente ama...

# Sétima parte

## Nossas virtudes

214 — NOSSAS virtudes? — É provável que nós também ainda continuemos a ter virtudes, embora naturalmente não sejam aquelas virtudes sinceras e sólidas por conta das quais conquistamos a estima de nossos avós e também mantivemos uma pequena distância deles. Nós, europeus do depois de amanhã, nós, primogênitos do século XX, com toda a nossa perigosa curiosidade, nós, com a nossa multiplicidade e nossa arte do disfarce, nossa crueldade suave e adocicada, tanto de sentidos quanto de espírito —, *SE* devemos possuir virtudes, que tenhamos apenas aquelas que chegaram a uma harmonia com as nossas inclinações mais secretas e sinceras, com as nossas necessidades mais ardentes: bem, então vamos buscá-las em nossos labirintos! — onde, como sabemos, muitas coisas se extraviam e muitas são perdidas para sempre! E há algo mais belo do que *PROCURAR* as próprias virtudes? Não é quase como *ACREDITAR* na própria virtude? Mas esse "acreditar na própria virtude" — não é praticamente a mesma coisa que era antigamente chamada de nossa "boa consciência", aquele rabicho de cabelo comprido, de uma ideia, muito respeitável, que nossos avós costumavam prender atrás de suas cabeças, e não raras vezes atrás de seus próprios entendimentos?

Entretanto, parece que, embora seja difícil nos imaginar antiquados e veneráveis como nossos avós em outros aspectos, uma coisa sabemos ser: netos dignos de nossos avós. Nós, os últimos europeus com boas consciências: ainda usamos aquele mesmo rabicho. — Ah! Se apenas soubessem quão logo, logo — tudo será diferente!...

215 — Como no firmamento estelar vezes existem em que há dois sóis que determinam a órbita de um planeta, e em certos casos sóis de cores diferentes brilham ao redor de um único planeta, ora com luz vermelha, ora com luz verde para depois o iluminar e inundar por inteiro com um jato de luz multicor: assim também nós, homens modernos, graças ao complicado mecanismo do "céu de estrelas", somos determinados por morais *DIFERENTES*; nossas ações brilham alternadamente em cores diferentes, raramente inequívocas — e em muitas ocasiões realizamos muitas ações *MULTICOLORIDAS*.

216 — Amar os inimigos? Penso que isso já foi bem aprendido: milhares de vezes hoje em dia tal coisa acontece em grande e em pequena escala; de fato, às vezes o mais sublime e o mais elevado acontece: — aprendemos a *DESPREZAR* quando amamos, e precisamente quando amamos melhor; tudo sempre inconscientemente, sem alarde, sem ostentação, com a vergonha e o encobrimento da bondade que proíbe a pronúncia da palavra pomposa e a demonstração virtuosa. Moral como atitude — hoje em dia não se coaduna com o nosso gosto. Isso também é um

passo à frente; como o progresso no tempo de nossos pais quando a religião como atitude que se tornou oposta ao gosto deles, como também a inimizade e o sarcasmo voltaireano contra a religião (e tudo aquilo que anteriormente pertencia à expressão em gestos do livre pensador). É a música que há em nossa consciência, a dança de nosso espírito que as litanias dos puritanos, as prédicas morais e a benevolência não conseguiriam calar.

217 — Tenhamos cuidado ao lidar com aqueles que atribuem grande valor a quem reconheça seu tato moral e à sutileza de sua distinção moral! Jamais nos perdoariam caso se equivocassem *DIANTE* de nós (ou mesmo *EM RELAÇÃO* a nós) — inevitavelmente tornar-se-iam nossos caluniadores e detratores instintivos, mesmo enquanto ainda permanecessem como nossos "amigos". — Benditos sejam aqueles que se esquecem: para que eles "obtenham o melhor" até mesmo de sua estupidez.

218 — Os psicólogos da França — onde mais existem psicólogos hoje em dia? — ainda não esgotaram o numeroso prazer amargo sobre a *bêtise bourgeoise,*[1] como se... basta, só através disso já revelam algo. Flaubert, por exemplo, o honesto cidadão de Rouen, afinal, não viu, ouviu ou experimentou qualquer outra coisa — essa era a prática de autotortura e de uma sutil crueldade que ele usava contra si. Como isso está se tornando cada vez mais enfadonho, eu

---

[1] Em francês: "estupidez burguesa".

recomendaria agora outro tipo de prazer: ou seja, a astúcia inconsciente com a qual a mediocridade boa, gorda e honesta sempre se comporta em relação aos espíritos mais elevados e às obras que realizam; a astúcia jesuítica sutil e cheia de farpas que é mil vezes mais sutil do que, em seus melhores momentos, o gosto e a compreensão da classe média — mais sutil até mesmo do que a compreensão de suas vítimas —: uma prova reiterada de que o "instinto" é o mais inteligente de todos os tipos de inteligência até agora descobertos. Em resumo, vocês psicólogos estudam a psicologia da "regra" em sua luta contra a "exceção": nisso conseguem um espetáculo adequado aos deuses e à perversidade divina! Ou para falar claro, praticam a vivissecção no "homem bom", no "*homo bonae voluntatis*",[2]... em *VOCÊS PRÓPRIOS*!

219 — A prática de julgar e de condenar moralmente é a vingança favorita dos espiritualmente limitados sobre aqueles menos favorecidos do que eles e é também uma espécie de ressarcimento por ter sido concedida a eles a pior natureza, e finalmente, uma oportunidade de adquirirem espírito e *bem-estar* — hostes espirituais de maldade. Eles são felizes no âmago de seus corações por haver um parâmetro segundo o qual mesmo aqueles que são superdotados de bens espirituais e de privilégios, se igualam a eles — lutam pela "igualdade de todos perante Deus" e que por isso quase NECESSITAM

[2] Em latim: "homem de boa vontade".

ter fé em Deus. Entre eles estão os mais fortes adversários do ateísmo. Se alguém lhes dissesse que "uma espiritualidade elevada está fora de qualquer comparação com decência e respeitabilidade de um homem somente moral", isso faria com que ficassem furiosos — e, portanto, terei cuidado para não dizer tal coisa. Prefiro lisonjeá-los com minha teoria de que a alta espiritualidade em si existe apenas como produto supremo das qualidades morais; que é uma síntese de todos os estados atribuídos ao homem "somente moral" depois de serem adquiridos separadamente através de uma longa disciplina e prática, talvez durante toda uma série de cadeias de gerações; que a alta espiritualidade é precisamente a espiritualização da justiça e daquela severidade bondosa que está autorizada a manter uma *HIERARQUIA* no mundo, até mesmo entre as coisas — e não apenas entre os homens.

220 — Agora que o elogio do "desinteressado" se tornou tão popular, devemos — talvez, não mais com tanto perigo — ter uma ideia do *QUE* interessa realmente às pessoas, e quais são as coisas que profunda e essencialmente são preocupantes para o homem comum: — incluindo os homens cultos, senão os doutos, e se eu não estiver de todo enganado, quase até mesmo os filósofos. Torna-se óbvio, de fato, que a maior parte dos interesses, encantos e naturezas superiores dos gostos mais refinados e delicados, parece definitivamente "desinteressante" para o homem medíocre — se, não obstante, ele percebe alguma

devoção a esses interesses que chamou de *désintéressé* e se pergunta como fazer para agir "desinteressadamente". Houve filósofos que souberam usar uma expressão do outro mundo, sedutora e mística para qualificar esse espanto popular (talvez porque não tenham conhecido por experiência própria, o que significa uma natureza superior?). Em vez de dizer que a verdade nua e francamente razoável de que uma ação "desinteressada" é uma ação muito interessante e "interessada" desde que... "E o amor?"— Como! Até uma ação por amor será "não egoísta"? Mas que tolos! — "E o louvor àquele que se sacrifica?" — Mas realmente quem se ofereceu em sacrifício sabe que queria e que conseguiria alguma coisa em troca — talvez alguma coisa de si para si; que se renunciou aqui foi para ter mais adiante, em geral para ter mais ou sentir-se como algo "mais" talvez. Mas esse é o reino de perguntas e respostas que um espírito mais refinado reluta em frequentar: por aqui, a verdade tem de sufocar seus bocejos quando for obrigada a responder. E, para terminar, a verdade é uma mulher: e não se deve usar de violência com ela.

221 — "Algumas vezes acontece", disse um trapaceiro pedante e moralista, "de um homem não egoísta ser honrado e respeitado por mim: não por ele ser assim, mas porque me parece que ele tem o direito, se assim o desejar, de ser útil para outro homem por conta própria." Em suma, a questão é sempre quem é *ELE*, e quem é o *OUTRO*. Por exemplo, numa pessoa criada e destinada ao comando, à abnegação e ao convívio

modesto, ao invés de virtudes, seria o desperdício de virtudes: pelo menos é o que a mim me parece todo sistema de moral não egoísta que se assume incondicionalmente e transforma todo mundo; não só peca contra o bom gosto como também é incitação aos pecados de omissão e também uma sedução *A MAIS* sob a máscara da filantropia — precisamente sedução e desperdício para um tipo de homem mais elevado, raro e mais privilegiado. Primeiro, deve-se obrigar os sistemas morais a se curvarem diante da *HIERARQUIA*, a arrogância deve ser mandada de volta para casa com sua consciência — até que entendam, finalmente, que é IMORAL dizer: "o que é o bom para um deve ser bom para o outro". — Assim dizia o moralista pedante e *bonhomme:*[3] ele não mereceria, talvez, ser alvo de nossas risadas quando reprovou tanto as morais quanto a moralidade? Mas não devemos estar certos demais se desejamos que os risos estejam do *NOSSO PRÓPRIO* lado; uma pitada de erro não prejudica o bom paladar.

222 — Onde hoje se prega a compaixão — se escutarmos bem, agora não se prega mais nenhuma outra religião — pode o psicólogo abrir bem seus ouvidos e perceber que em meio a toda vaidade, e ao ruído que caracteriza esses pregadores (assim como todos os pregadores), ele vai ouvir uma voz rouca com um som de gemido genuíno de *autodepreciação*. A ele pertence o ensombramento e a feiura da Europa que

---

[3] Em francês: "afável, terno, de bom coração".

vêm aumentando há um século (cujos primeiros sintomas já estão especificados em documentos numa extensa carta de Galiani a Madame d'Epinay) — *SE É QUE NÃO É ELE A CAUSA DISSO*! O homem de "ideias modernas", esse macaco orgulhoso, está muito insatisfeito consigo mesmo — com toda a certeza. Ele está sofrendo: e sua vaidade quer que ele apenas "sofra com os seus semelhantes".

223 — O homem europeu mestiço, um plebeu razoavelmente feio, afinal de contas — a ele é absolutamente necessário um traje de fantasia: precisa da história como um depósito dos figurinos. Percebe, sem dúvida, que nenhum dos trajes de fantasia lhe cai de maneira adequada — ele os troca sempre. Vejamos o século XIX em relação a essas preferências rápidas e mudanças de estilo das fantasias, e também em relação aos seus momentos de desespero por conta de que "nada nos é adequado". É inútil trajarmos roupas de forma romântica, ou clássica, ou cristã, ou florentina, ou barroca, ou "nacional" *in moribus et artibus:*[4] tais trajes não nos "caem bem!". Mas o "espírito", sobretudo o "espírito histórico", também vê vantagem em seu desespero: várias vezes experimenta-se, veste-se, tira-se, guarda-se e acima de tudo *estuda-se* uma nova amostra do passado ou de algo estrangeiro — somos a primeira era de estudiosos *in puncto*[5] "disfarces". Quero dizer, no que diz respeito

---

[4] Em latim: "nas artes e costumes".

[5] Em alemão: "em termos de" ou "em matéria de".

à moral, aos artigos de fé, aos gostos artísticos e religiosos; estamos preparados, como em nenhum outro momento, para um carnaval em grande estilo, para o maior festival espiritual do mundo — para a gargalhada e a arrogância, para a altura transcendental do supremo desatino e da aristofânica zombaria do mundo. Talvez ainda estejamos descobrindo os domínios de nossa *invenção* aqui mesmo, os domínios onde até nós podemos ser originais, provavelmente como parodistas da história do mundo e como comediantes de Deus —, talvez, se nada mais do presente existir no futuro, a nossa *risada* possa vir a ter um futuro!

224 — O *sentido histórico* (ou a capacidade para adivinhar com rapidez a hierarquia de valorações segundo as quais um povo, uma comunidade ou um indivíduo viveu o "instinto divinatório" para a relação entre essas valorações e para a relação da autoridade das forças atuantes): este sentido histórico no qual nós europeus nos consideramos especialistas, veio até nós trazido pelo séquito da louca e encantada *semibarbárie* na qual a Europa mergulhou em decorrência da mistura democrática de classes e raças — apenas no século XIX é que esta faculdade foi reconhecida como seu sexto sentido. Em consequência dessa mistura, o passado de todas as formas e modos de vida e de culturas que eram antes contíguas e superpostas umas às outras, debruçou-se sobre nossas "almas modernas"; agora nossos instintos podem correr e voltar em todas as

direções, nós mesmos somos uma espécie de caos: no final, como já disse, o espírito percebe sua vantagem nele. Graças à nossa semibarbárie de corpo e desejo, temos acesso secreto a todos os lugares, como nenhuma época nobre jamais teve; sobretudo acesso ao labirinto de civilizações imperfeitas e a todas as formas de semibarbárie que existiram na Terra; e tendo em conta que até o presente momento a maior parte da civilização humana tem sido semibárbara, o "sentido histórico" significa quase que o sentido e o instinto para tudo, o gosto e a língua para tudo: no qual se reconhece imediatamente um sentido *NÃO NOBRE*. Por exemplo, voltamos a apreciar Homero: talvez seja a nossa mais feliz conquista sabermos como apreciar Homero, a quem homens cultos (enquanto franceses do século XVII, como Saint-Evremond, que o criticou por seu *Esprit vaste*,[6] e mesmo Voltaire, o último eco daquele século) não puderam ou não conseguiram facilmente se adequar — e que raramente se permitiam apreciar. O definido sim e não de seu gosto, sua fácil propensão ao desgosto, sua contenção hesitante com respeito a tudo o que era estranho, seu horror ao mau gosto, mesmo o de viva curiosidade, e em geral, aquela aversão que toda cultura nobre e autossuficiente têm de admitir um desejo novo, uma insatisfação com sua própria condição, ou uma admiração do que lhes é estranho: tudo isso determina e os dispõe desfavoravelmente

[6] Em francês: "grande espírito".

até mesmo diante das melhores coisas do mundo que não são sua propriedade ou nem poderiam *se tornar* sua presa — e nenhum sentido é mais incompreensível a esses homens do que, realmente, o sentido histórico, com sua curiosidade plebeia e obsequiosa. Não é diferente com Shakespeare, esta síntese hispano-mourisca-saxã de gosto, que faria um velho ateniense do círculo de Ésquilo quase morrer de tanto rir ou de irritação: mas nós — aceitamos com secreta confiança e cordialidade, precisamente esta variegação selvagem, este amontoado delicado e ao mesmo tempo grosseiro e artificial; e a apreciamos como um refinamento da arte reservada expressamente para nós e nos permitimos um pouco de desconforto pelo vapor nocivo e pela proximidade da ralé inglesa em que a arte e o gosto de Shakespeare vivem, quanto talvez em Chiaia, em Nápoles, onde, com todos os sentidos despertos seguimos encantados, por escolha própria, nosso caminho, apesar do cheiro de esgoto dos bairros pobres da cidade. É inegável que nós, homens de "senso histórico", temos nossas virtudes: — somos despretensiosos, desinteressados, humildes, corajosos, cheios de autocontrole e de dedicação, muito gratos, muito pacientes, muito atenciosos — mas com tudo isso talvez não tenhamos muito "bom gosto". Confessemos, por fim, que para nós, homens de "senso histórico", o que é mais difícil de sentir, tornar saboroso, amar e que nos faz fundamentalmente preconceituosos e quase hostis, é precisamente a perfeição e a maturidade suprema de toda cultura e arte, aquilo que é essencialmente nobre nas realizações e nos homens, seus momentos de calmaria e autossuficiência tranquila, o brilho dourado e frio de todas as coisas que se mostram completas. Talvez a nossa grande virtude do sentido histórico esteja no contraste necessário ao *BOM* gosto, pelo menos, ao melhor dentre os gostos; e só de forma imperfeita, hesitante, constrangida podemos evocar em nós as dádivas curtas, fugazes e felizes e as glorificações da vida humana que brilham aqui e acolá: aqueles momentos e experiências maravilhosas em que uma grande força suprema quedou-se voluntariamente diante do infinito sem fronteiras — e uma superabundância de prazeres refinados foi apreciada na súbita imobilidade e petrificação, plantada firmemente num terreno ainda instável. Confessemos a nós mesmos que a MEDIDA nos é estranha; o nosso prurido é o do infinito, do incomensurável. Como o cavaleiro em seu corcel ofegante, nós, homens modernos e semibárbaros, soltamos as rédeas diante do infinito; — e é justamente na nossa maior bem-aventurança que — *ESTAMOS EM PERIGO.*

225 — Quer se trate de hedonismo, pessimismo, utilitarismo ou eudemonismo, todos eles são modos de pensar que medem o valor das coisas segundo o *PRAZER* e a *DOR*, ou seja, segundo as circunstâncias que os acompanham e suas considerações secundárias, são modos de pensar aplausíveis e ingênuos que toda pessoa cônscia de seus poderes *CRIATIVOS* e de sua consciência artística olhará para baixo com ironia, embora

não sem compaixão. Compaixão por *vocês*! — e com certeza não é a compaixão tal qual a entendem: não é a compaixão pela "angústia" social, pela sociedade com seus doentes e desafortunados, pela hereditariedade dos viciosos e imperfeitos que jazem por terra à nossa volta; e menos ainda a compaixão pelos queixosos, oprimidos, classes escravas rebeldes que lutam para conquistar o poder — que chamam de "liberdade". *NOSSA* compaixão é mais elevada e enxerga mais longe — vemos como o *HOMEM* se apequena e como vocês o apequenam! E há momentos em que vemos a sua compaixão com uma ansiedade indescritível e nos defendemos dela —, em que vemos que a sua seriedade é mais perigosa do que qualquer leviandade. Vocês querem, se possível — e não há um "se possível" mais enlouquecido — *ABOLIR O SOFRIMENTO*; e nós? — realmente parece que *NÓS* iríamos preferir tê-lo aumentado e tornado ainda pior! Bem-estar, tal qual vocês o compreendem — com certeza não é uma meta; parece-nos um *FIM*! Um estado que torna, na mesma hora, o homem ridículo e desprezível — que faz DESEJÁVEL a sua queda! A disciplina do sofrimento, do GRANDE sofrimento — não sabem que foi apenas *esta* disciplina que produziu a elevação da humanidade até aqui? A tensão da alma na infelicidade que lhe transmite sua energia, o calafrio que sente ao ver o suplício e a ruína, sua criatividade e a bravura em sofrer, resistir, interpretar e explorar o infortúnio e o que mais houver, apenas depende da profundidade, mistério, disfarce, espírito, artifício ou grandeza concedida à alma: — não foi tal concessão feita através do sofrimento, através da disciplina do grande sofrimento? No homem a *CRIATURA* e o *CRIADOR* estão unidos: em um homem não há apenas matéria, fragmento, abundância, barro, lodo, absurdo, caos; há também o criador, o escultor, a dureza do martelo, a divindade do espectador e o sétimo dia: — vocês entendem esse contraste? E que a *sua* compaixão pela "criatura no homem" aplica-se àquilo que tem de ser moldado, ferido, forjado, distendido, tostado, temperado, purificado — para aquilo que deve necessariamente SOFRER e é DESTINADO a sofrer? E a *nossa* compaixão — não compreendem a quem o *OPOSTO* de nossa compaixão se aplica quando se resiste à sua compaixão como o pior de todos os mimos e fraquezas? — Então é compaixão *CONTRA* compaixão! — Mas, repetindo uma vez mais, há problemas maiores do que os problemas do prazer, da dor e da compaixão; e toda a filosofia que lida apenas com essas coisas é apenas mera ingenuidade.

226 — *Nós, os* IMORALISTAS! — Este mundo no que *nos* diz respeito, no que nós temos de temer e amar, este mundo quase invisível e inaudível, de comandos e obediências delicados, este mundo de "quase" em todos os aspectos, capcioso, insidioso, agressivo e terno — sim, é bem defendido dos espectadores grosseiros e da curiosidade íntima! Estamos como que envolvidos por uma rede resistente, um tecido

de deveres, e deles apenas *PODEMOS* nos separar — precisamente aqui, somos "homens do dever", até mesmo nós! Vez por outra, é verdade, dançamos em nossas "cadeias" e entre nossas "espadas"; e não é menos verdade que com mais frequência rangemos os dentes em certas circunstâncias e ficamos impacientes quanto à dificuldade secreta de nosso destino. Mas não importa o que seja feito, os tolos e as aparências sempre falam de nós: "estes são os homens *SEM* dever" —, sempre teremos os tolos e aparências contra nós!

227 — A honestidade, admitindo que esta seja nossa virtude da qual não nos é possível ficar livres, nós, espíritos livres — agora, queremos trabalhar nisso com toda maldade, e, para amá-la e não nos cansarmos dela, iremos buscar "a perfeição" em *nossa* virtude, a única que ainda temos: que seu olhar um dia possa brilhar novamente como uma luz dourada de um crepúsculo azul para que zombe dessa civilização envelhecida com sua seriedade maçante e sombria! E se, ainda assim, nossa honestidade algum dia vier a se esgotar, suspirar, estender os braços e ao nos encontrar também endurecidos desejar sentir-se mais satisfeita, leve e gentil, como um vício agradável: que permaneçamos *ENDURECIDOS*, nós, os últimos estoicos, e mandemos em seu auxílio toda a nossa diabrura: — nossa náusea ao que é grosseiro e indefinido, "*nitimur in vetitum*",[7] nossa coragem

[7] Em latim: "Lançamo-nos em direção ao proibido".

aventureira, nossa curiosidade astuta e mimada, nossa mais sutil, disfarçada e espiritual vontade de potência, nossa conquista universal, que divaga e vagueia cobiçosamente pelos reinos do futuro — vamos com todos os nossos "diabos" ajudar ao nosso "Deus"! É provável que sejamos mal interpretados e confundidos por isso: mas o que importa? Eles dirão: "A sua 'honestidade' é diabruras — e nada mais!" Os deuses não foram demônios rebatizados e santificados? Afinal, o que é que sabemos de nós mesmos? E como o espírito que nos guia deseja ser *CHAMADO*? (Trata-se de uma questão de nomes.) E quantos espíritos abrigamos? Nossa honestidade, nós, espíritos livres, tenhamos cuidado para que ela não se torne a nossa vaidade, nosso ornamento e ostentação, nossa limitação, nossa estupidez! Toda virtude tende à estupidez, toda estupidez à virtude; "estúpido ao ponto da santidade" como se diz na Rússia —, sejamos cuidadosos para que de honestos não passemos a santos entediantes! A vida não é cem vezes mais curta para nós, para ainda ser entediante? Teríamos de acreditar na vida eterna para...

228 — Espero ser perdoado por ter descoberto que até agora toda a filosofia moral, na minha visão pessoal, nada tem prejudicado mais a "virtude" do que este tédio de seus defensores; mas eu não gostaria de omitir sua utilidade geral. É bastante relevante que o menor número possível de pessoas reflita sobre a moral, e consequentemente é *BASTANTE* relevante que a moral não venha a se tornar interessante algum

dia! Mas não tenhamos medo! As coisas hoje em dia estão como sempre estiveram: não vejo ninguém na Europa que tenha (ou *DIVULGUE*) a ideia de que a filosofia, que diz respeito à moral, pode ser conduzida de maneira perigosa, traiçoeira e sedutora — e de que a fatalidade esteja envolvida nela! Consideremos, por exemplo, os incansáveis e inevitáveis utilitaristas ingleses: como seguem desajeitados e ponderados os passos de Bentham (uma metáfora homérica expressa melhor esse comportamento). Bentham, que da mesma forma seguiu os passos do respeitável Helvécio! (não, Helvécio *CE SÉNATEUR POCOCURANTE,*[8] para usar uma expressão de Galiani, não era uma pessoa perigosa). Nenhum novo pensamento, nenhuma expressão de natureza mais bela de um velho pensamento, nem sequer uma história verdadeira do que foi anteriormente pensado: uma literatura *IMPOSSÍVEL*, sob qualquer aspecto, a menos que alguém saiba como fermentá-la com alguma malícia. Com efeito, o antigo vício inglês chamado de *CANT*[9] que é uma *TARTUFERIA MORAL* insinuou-se também entre os moralistas (que devem ser lidos com um olho em seus motivos, se é que devem ser lidos por alguém), escondido dessa vez

---

[8] Frase cuja etimologia engloba o francês e o italiano, usada na tradução inglesa de Helen Zimmern: *ce senateur* (francês: aquele senador) *pococurante* (italiano: *poco* (pouco) + *curante* (curante: do verbo curare: curar, tratar), intratável; ou seja, "aquele senador intratável".

[9] Em inglês: "conversa fiada".

sob a forma nova de espírito científico; neles não está ausente uma luta secreta com a dor de consciência, a partir da qual uma raça de antigos puritanos deve, naturalmente, sofrer, por mais que usem a formação científica para se ocupar da moral. (O moralista não é o oposto do puritano? ou seja, um pensador que considera a moral questionável, merecedora de investigação, em resumo, um problema? Moralizar não seria um ato imoral?) Por fim, todos eles querem que se dê razão à moral inglesa, na medida em que seja a mais útil à humanidade, ou à "utilidade pública", ou à "felicidade da maioria" —, não! à felicidade da *INGLATERRA*. Eles gostariam de se convencer, por todos os meios, de que desejar a felicidade inglesa, quero dizer, o *comfort*[10] e *fashion*[11] (e, em última instância, uma cadeira no Parlamento), é, ao mesmo tempo, o verdadeiro caminho para a virtude; e, mais ainda, que toda a virtude no mundo até então não consistiu noutra coisa senão em tal empenho. Nenhum desses animais do rebanho, conturbados e de consciência pesada (que se encarregam de defender a causa do egoísmo como útil ao bem-estar geral) querem ter qualquer saber se o "bem-estar geral" não é um ideal, um objetivo ou uma noção palpável, mas sim apenas uma panaceia —, que o que é justo para um *NÃO PODE SER* justo para outro, que a exigência de uma moral para todos é, na verdade, um

[10] Em inglês: "conforto".
[11] Em inglês: "estilo".

prejuízo para homens superiores, em resumo, que há uma *ORDEM HIERÁRQUICA* entre um homem e outro homem, e consequentemente entre moral e moral. Esses utilitaristas ingleses são indivíduos simplórios e fundamentalmente medíocres, e, como já foi ressaltado, na medida em que são tediosos, não se pode pensar muito alto sobre a sua utilidade. É preciso mesmo INCENTIVÁ-LOS como, em parte, foi tentado nos versos seguintes:

> Salve, bravos carroceiros,
> Sempre "quanto maior melhor"
> Empedernidos de cabeça e joelhos,
> Sem entusiasmo, sem graça,
> Indestrutivelmente medíocres,
> *Sans génie et sans esprit!*

229 — Nestes últimos tempos, que se podem orgulhar de sua humanidade, ainda persiste muito temor, muita *SUPERSTIÇÃO* acerca da "besta feroz e cruel" que justamente essas épocas mais humanas se orgulham de ter dominado — e por um suposto acordo, verdades claras permaneceram impronunciadas durante séculos porque, aparentemente, poderiam fazer renascer a besta selvagem então morta. Talvez até eu, ao deixar escapar tal verdade, esteja correndo certo risco; o de que outros a capturem de novo e lhe deem muito "leite do pensar piedoso" para beber, para que deite e fique esquecida, no seu velho canto. — É preciso aprender

outra vez sobre o significado da crueldade, e abrir os olhos; é preciso, por fim, aprender a impaciência para que tais imodestos erros grosseiros, como, por exemplo, aqueles cometidos por filósofos antigos e modernos a respeito da tragédia, não voltem a vagar por aí virtuosamente com todo o descaramento. Quase tudo o que chamamos de "cultura superior" baseia-se na espiritualização e intensificação da CRUELDADE — como digo em minha tese; essa "besta selvagem" não foi realmente morta, ela vive e floresce, foi apenas deificada. O que constitui o deleite doloroso da tragédia é a crueldade; o que produz um efeito agradável na chamada compaixão trágica e mesmo na base de tudo o que é sublime, até as mais supremas e mais que delicadas dores da metafísica, obtem sua doçura apenas dos ingredientes de crueldade nelas infiltrados. O que o romano aprecia na arena, o cristão nos êxtases da cruz, o espanhol em vista das fogueiras e touradas, o japonês de hoje em dia que caminha para a tragédia, o operário dos subúrbios parisienses com saudades das revoluções sangrentas, as wagnerianas que se desequilibram além do que podem suportar ao ouvir Tristão e Isolda — o que todos apreciam e se esforçam em obter para beber com um ardor misterioso é a bebida gostosa da grande Circe[12] da "crueldade". Aqui, com certeza, devemos colocar de

[12] Circe, a deusa feiticeira da mitologia grega que avia poções venenosas.

lado e para sempre toda a psicologia equivocada de uma época passada, que, com respeito à crueldade, só soube ensinar que ela aparece somente sob a vista do sofrimento alheio: há um deleite imenso em nosso sofrimento, no causar sofrimento a nós mesmos — e sempre que o homem se permitiu a autonegação, no sentido RELIGIOSO, ou a automutilação, como entre os fenícios e os ascetas, ou em toda a "dessensualização, a desencarnação, a contrição, as convulsões penitenciais dos puritanos"[13] causadoras de câimbras, até a vivissecção de consciência e dos sacrifizia dell'intelletto como o de Pascal, ele é atraído e secretamente compelido por sua crueldade, por esses perigosos sentimentos da crueldade voltada contra SI MESMO. — Finalmente, vamos considerar que até mesmo aquele que busca o conhecimento e trabalha como artista e glorificador da crueldade com a qual faz seu espírito resistir CONTRA a sua própria tendência, e também muitas vezes contra os desejos de seu coração — ou seja, obriga-o a dizer Não quando gostaria de aprovar, amar e adorar; e, de fato, cada exemplo de tomar algo de forma profunda e essencial constitui uma violação, uma ofensa proposital à vontade fundamental do espírito que instintivamente tende à aparência e à superficialidade —, até mesmo na vontade de conhecimento há uma gota de crueldade.

---

[13] Termos traduzidos do alemão e usados por Rogério Miranda de Almeida em "Eros e Tanatos: a Vida, a Morte e o Desejo", p. 334.

230 — Talvez o que eu tenha dito aqui sobre uma "vontade fundamental do espírito" não tenha sido entendido com facilidade; permitam-me, pois, uma explicação. — Aquela coisa imperiosa que as pessoas chamam vulgarmente de "espírito" deseja ser seu senhor interna e externamente e sentir-se no comando; tem a vontade de conduzir da multiplicidade à simplicidade, numa ligação desbravadora, imperiosa e essencialmente dominadora da vontade. Aqui, suas exigências e habilidades são as mesmas apontadas pelos fisiologistas para tudo que vive, cresce e se multiplica. O poder do espírito para apropriar-se de elementos estranhos revela por si só a forte tendência de assimilar o novo ao velho, de simplificar o que é complexo, a negligenciar ou repudiar o que é absolutamente contraditório; da mesma forma como arbitrariamente ressublima, torna proeminente e falseado, para si, certos traços e aspectos dos elementos estranhos por toda parte do "mundo lá fora". Desse modo, seu objetivo visa a incorporação de novas "experiências", o acondicionamento de novas coisas no velho ordenamento — em resumo, crescimento; ou, melhor ainda, a *sensação* de *crescimento*, a sensação de aumento de potência — é o seu objetivo. A mesma vontade tem a seu serviço um impulso do espírito aparentemente oposto, uma adoção súbita da ignorância, um isolamento arbitrário, um fechamento de janelas, um interior dizer Não a isto ou aquilo, uma proibição ao acesso de qualquer coisa, uma espécie de estado de defesa contra o muito que pode se tornar

conhecível, um contentamento com a obscuridade, com o horizonte final, uma concordância e bom entendimento da ignorância: tudo o que for necessário de acordo com o grau de seu poder de apropriação, seu "poder digestivo", para usar uma imagem figurada (e de fato "o espírito" mais do que qualquer outra coisa se assemelha a um estômago). Deve ser colocada aqui, também, uma vontade ocasional do espírito se deixar enganar (talvez por uma suspeita maliciosa de que as coisas *NÃO* são assim como são, mas que lhes é permitido se passar por tal), um deleite na incerteza e na ambiguidade, um deleite triunfante da estreiteza arbitrária e o sigilo de um canto, do mais próximo, do que está em primeiro plano, do que é ampliado, diminuído, deslocado, embelezado — um deleite da arbitrariedade de todas essas manifestações de poder. Finalmente, em relação a isso, há a mais inescrupulosa disposição do espírito em iludir outros espíritos e em se dissimular diante deles — a pressão e a tensão constantes de um poder criativo, orientador e mutável: desse modo o espírito diverte-se com sua astúcia e sua variedade de disfarces, como também com o seu sentimento de segurança — e exatamente por suas artes de Proteu ele está melhor protegido e escondido! — Em *OPOSIÇÃO a essa* vontade de aparência, de simplificação, de máscara, de um manto, em suma, para revestir a superfície — já que toda superfície é um manto —, ocorre aquela sublime inclinação do homem de conhecimento que leva e *quer* levar as coisas de modo profundo, de modo abrangente e total; como uma espécie de crueldade da consciência e do gosto intelectual que todo pensador corajoso reconhecerá em si, desde que tenha um olhar suficientemente agudo e endurecido para a introspecção, como deve ser, e esteja acostumado a uma disciplina severa e a palavras severas. Ele dirá: "Há alguma coisa cruel na inclinação de meu espírito": — que os virtuosos e amáveis tentem convencê-lo do contrário! De fato, soaria melhor se, em vez de crueldade, talvez nossa "honestidade extravagante" fosse comentada, sussurrada e glorificada — a nós, espíritos *MUITO* livres — e quem sabe talvez um dia *ELA* venha a soar como nossa — glória póstuma! Enquanto isso — pois ainda há muito tempo até lá — devemos pelo menos evitar a inclinação de nos embelezar com o fraseado florido e decorado da moral; todo o trabalho que foi feito até agora nos fez enjoar desse gosto e de sua exuberância alegre. São palavras bonitas, brilhantes, tilintantes e festivas: honestidade, amor à verdade, amor à sabedoria, sacrifício pelo conhecimento, heroísmo com veracidade — nelas há algo que faz o nosso coração encher-se de orgulho. Mas nós, eremitas e marmotas, há muito nos convencemos, com o sigilo próprio da consciência dos eremitas, de que o desfile verbal cheio de honrarias também pertence ao conjunto de velhos adornos falsos, de quinquilharias e purpurina da inconsciente vaidade humana, e que, mesmo sob tais cores vistosas e retocadas, o terrível texto original do *homo natura* pode novamente ser reconhecido. Com efeito, para retraduzir o homem em seu retorno à natureza; para obter domínio sobre as muitas interpretações e significados vaidosos e visionários que até agora têm arranhado e manchado o eterno texto original *homo natura*; para tornar possível trazer o homem de volta e colocá-lo na frente do homem tal como é, enrijecido na disciplina da ciência diante de *OUTRAS* formas de natureza com destemidos olhos de um Édipo, e ouvidos tapados como os de Ulisses surdo às tentações dos velhos metafísicos apanhadores de pássaros que já não param de piar para ele: "Você é mais! É mais elevado! É de uma origem diferente!" — essa pode ser uma tarefa estranha e desatinada, mas que é uma *TAREFA* quem pode negar? Por que foi que escolhemos tal tarefa desatinada? Ou para colocar a pergunta de uma forma diferente: "Por que, afinal, o conhecimento?" — Todos vão nos perguntar isso. E assim pressionados, nós, que nos fizemos a mesma pergunta centenas de vezes, não encontraremos nem poderemos encontrar qualquer resposta melhor...

231 — A aprendizagem nos transforma, faz o mesmo que a alimentação, não só nos "conserva" — como sabe o fisiologista. Mas no fundo de nossas almas, "lá embaixo", certamente existe algo que não pode ser ensinado, um granito de *Fatum*[14] espiritual, de decisões e respostas predeterminadas a perguntas selecionadas. Em cada problema fundamental, fala um mutável "isto sou eu"; sobre o homem e a mulher, um pensador não pode aprender de outra forma o que há, por exemplo;

[14] Em latim: "destino".

pode aprender totalmente sobre eles — acompanhar até o fim, apenas aquilo que em si mesmo já está "estabelecido". Algumas vezes encontramos certas soluções de problemas que se tornam fortes crenças para nós; talvez até passem a ser chamados agora de "convicções". Mais tarde — vemos nelas apenas os passos para o autoconhecimento, um guia para o problema que nós mesmos *somos* — ou mais corretamente para a grande estupidez que somos nós para o nosso *fatum* espiritual, o que bem "lá embaixo" de nós *NÃO PODE SER ENSINADO.* — Tendo em vista essa gentileza que acabei de fazer a mim mesmo, talvez tenha mais prontamente a permissão de exibir certas verdades acerca da "mulher em si mesma", desde que se saiba logo de saída que essas são somente *minhas* verdades.

232 — A mulher deseja ser independente e consequentemente começa por esclarecer aos homens o que significa "ser mulher" — *ISSO* é uma das piores consequências do *ENFEAMENTO* geral da Europa. Mas o que se deve esperar que essas tentativas grosseiras da ciência e do desnudamento feminino tragam à luz! A mulher tem muitos motivos para sentir vergonha; nela há tanto de pedantismo, tanto de superficial, tanto de presunção dos saberes adquiridos por sua escolaridade, tanta arrogância mesquinha, tanto descontrole e imodéstia escondida — veja apenas o comportamento da mulher em relação às crianças! — que até o momento foi mais contido e dominado por *TEMOR* ao homem. Ah, se o que é "eternamente tedioso na mulher" — e ela tem muito disso! — for permitido a

se aventurar por aí! Se ela, de forma radical, começar a desaprender sua sabedoria e sua arte de encantar, de brincar, de afugentar a tristeza, de aliviar e tornar a vida mais fácil; se ela se esquecer de sua aptidão delicada para os desejos agradáveis! Já se fazem ouvir as vozes femininas, que, segundo Santo Aristófanes, provocam terror: — de forma ameaçadora colocam com clareza médica o que em primeiro e em último lugar uma mulher *quer* do homem. Não é o pior dos maus gostos que a mulher se prepare de uma forma assim tão científica? Até agora, felizmente, o esclarecimento era atribuição dos homens, dom dos homens — e permanecia assim, uma coisa "entre nós"; e por fim, tendo em vista que tudo o que as mulheres escrevem sobre "a mulher" é passível de muitas dúvidas se a mulher realmente queira se *EXPLICAR* sobre si própria — e até se *PODE VIR* a desejá-lo. Se a mulher com isso não está à procura de um novo *ADORNO* para si própria — acredito que a mulher *DESEJE* se enfeitar, pois creio que isso faça parte do eterno feminino — por que então ela deseja se fazer temida: talvez queira com isso dominar. Mas não *quer* a verdade — o que importa a verdade para a mulher? Desde o início, nada é mais estranho, mais repugnante ou mais hostil para a mulher do que a verdade — sua grande arte é a mentira e seu principal interesse é a aparência e a beleza. Vamos confessá-lo, nós, homens: honramos e amamos *essa* arte e *esse* instinto na mulher: nós, que temos a tarefa difícil e que para o nosso divertimento buscamos o prazer na companhia de seres cujas mãos, olhares e loucuras delicadas fazem nossa seriedade, nosso peso e profundidade parecerem também a nós quase loucuras. Finalmente, faço a seguinte pergunta: Alguma mulher já encontrou profundidade numa cabeça de mulher ou justiça no coração de mulher? E não é verdade que, no geral, a "mulher" até agora tem sido desprezada pela própria mulher, e não por todos nós? — Nós, homens, desejamos que a mulher não continue a se comprometer em nos dar esclarecimentos; como foi atribuição do homem em relação à mulher, quando a igreja decretou: *Mulier taceat in ecclesia.*[15] Foi para o bem da mulher que Napoleão fez a loquaz Madame de Staël compreender: *Mulier taceat in politicis!*[16] — em minha opinião, é um amigo verdadeiro da mulher aquele que hoje em dia diz às mulheres: *Mulier taceat de muliere!*[17]

233 — Fica exposta a corrupção dos instintos — além de ser de extremo mau gosto — o fato de a mulher usar como referência Madame Roland ou Madame de Staël, ou a Monsieur George Sand, como se isso contasse como prova em *favor* da comprovada "mulher *em si*". Entre os homens, são apontadas três mulheres cômicas em si — e nada mais! — e involuntariamente representam os melhores *contra-argumentos* à emancipação e autonomia feminina.

234 — A estupidez na cozinha; a mulher como cozinheira; terrível desconsideração com a qual a

[15] Em latim: "que a mulher se cale na Igreja".
[16] Em latim: "que a mulher se cale na política".
[17] Em latim: "que a mulher se cale acerca das mulheres".

alimentação da família e o senhor da casa são tratados! A mulher não entende o que o alimento *significa* e insiste em ser cozinheira! Se a mulher fosse um ser pensante, uma vez que cozinha há milhares de anos, teria certamente descoberto a importância do maior dos fenômenos fisiológicos como também tomaria posse da arte de curar! Pela atuação das más cozinheiras — consequência da total falta de racionalidade na cozinha — o desenvolvimento do homem foi afetado e retardado da pior forma por muito tempo e agora é um pouco melhor. Um discurso às meninas que estudam!

235 — Há circunlóquios e lances do espírito, frases e punhados de palavras nos quais, de repente, toda uma cultura, toda uma sociedade se cristaliza. A propósito, há entre elas a observação acidental de Madame de Lambert a seu filho: "*Mon ami, ne vous permettez jamais que des folies, qui vous feront grand plaisir:*"[18] — o lembrete mais maternal e mais sábio jamais dirigido a um filho.

236 — Não tenho dúvida de que toda mulher nobre não vai concordar com o que Dante e Goethe pensavam sobre ela — o primeiro quando cantava "*Ella guardava suso, ed io in lei*",[19] e o último quando o interpretava, "o eterno feminino que nos convida a *ASCENDER*";[20] não tenho dúvida de que toda mulher nobre vai lutar

[18] Em francês: "Meu amigo, jamais se permita outras loucuras senão aquelas que lhe deem grande prazer".

[19] Em italiano: "Ela olhava para cima e eu para ela".

[20] Em alemão: "das Ewig-Weibliche zieht uns hinan".

contra essa crença porque é isso justamente o que pensa sobre o eterno masculino...

237 — *SETE AFORISMOS SOBRE AS MULHERES*

Como o tédio foge para longe quando um homem
se
ajoelha a nossos pés!

A idade, ai de mim!, e a ciência séria oferecem
ajuda à virtude mesmo fraca.

Roupagem sombria e silêncio: fazem toda mulher
parecer distinta.

A quem na sorte devo ser grata? A Deus! — e à
minha costureira!

Jovem, gruta enfeitada de flor; Velha, um dragão
vagueia ao acaso.

Título nobre, pernas bonitas, além disso, homem:
Oh, fosse *ELE* meu!

Breve discurso e extenso conteúdo — escorregadio
como uma mula!

237 — As mulheres até agora têm sido tratadas pelos homens como pássaros que perderam o rumo e caíram das alturas sobre eles: como almas delicadas,

frágeis, selvagens, estranhas e doces — mas também como algo que deve ser aprisionado para que não torne a voar para longe.

238 — Equivocar-se sobre o problema fundamental "homem e mulher" e negar nele o mais profundo antagonismo e a necessidade de uma eterna tensão hostil, sonhar talvez com direitos iguais, educação igual, aspirações e obrigações iguais: é um sinal *TÍPICO* de mentalidade rasa; e um pensador que demonstra ser superficial quanto a isso — superficial no instinto! — deve, em geral, ser considerado suspeito ou não mais traído e flagrado: com certeza se provará "pequeno" demais em relação às questões fundamentais da vida, no futuro e no presente, e será incapaz de se aprofundar em *qualquer* coisa. Por outro lado, um homem que demonstre profundidade de espírito e de desejos, e também profunda benevolência, capaz de severidade e dureza e facilmente confundido com essas coisas, só pode pensar na mulher como o fazem os *ORIENTAIS*: deve concebê-la como posse, como propriedade confinada, como um ser predestinado à servidão para realizar sua missão ali — ele deve tomar sua posição nesse sentido com a racionalidade imensa da Ásia, com a superioridade do instinto da Ásia, como fizeram outrora os gregos; os melhores herdeiros e discípulos da Ásia que, como se sabe, com o *AVANÇO* de sua cultura e o crescimento de seu poderio, desde Homero até o tempo de Péricles,

tornaram-se gradualmente mais *RIGOROSOS* em relação à mulher, em resumo, mais orientais. *COMO* era necessário, *COMO* era lógico e *COMO* humanamente desejável, reflitamos no assunto por nós mesmos!

239 — Nunca no passado o sexo frágil foi tratado com tanto respeito pelos homens como o é atualmente — isso tem a ver com a tendência da democracia e o seu gosto fundamental, do mesmo modo como também há um desrespeito maior para com os mais idosos —, o que há de abuso nesse respeito às mulheres? Querem mais, aprendem a impor, e por fim o tributo do respeito é sentido como uma humilhação; na verdade, uma disputa por direitos seria preferível à rivalidade; resumindo: a mulher está perdendo o recato. E deixem que se acrescente logo que também está perdendo o gosto. Está desaprendendo a *TEMER* o homem: mas a mulher que "desaprende o temor" sacrifica os seus instintos mais femininos. A mulher deveria avançar quando a qualidade do homem que inspira o medo — ou mais precisamente o *HOMEM* no homem — não é mais desejada ou cultivada ou suficientemente compreensível e clara; o mais difícil de entender é que justo por isso mesmo a mulher se deteriora. Isso é o que acontece hoje, não nos deixemos enganar! Onde quer que o espírito industrial tenha triunfado sobre o espírito militar e aristocrático, a mulher luta para alcançar a independência econômica e legal como a de um funcionário: "a mulher como secretária" é o

que está escrito no portal da sociedade moderna que se forma. Enquanto ela se apropria de novos direitos, aspira ser "o senhor", e escreve "progresso" feminino em suas bandeiras e bandeirolas, exatamente o oposto se realiza com terrível obviedade: *A MULHER REGRIDE.* Desde a Revolução Francesa, a influência da mulher na Europa *DIMINUIU* na mesma proporção em que seus direitos e aspirações aumentaram; e a "emancipação da mulher", até onde é desejada e promovida pelas próprias mulheres (e não só por homens de cabeça oca), passa a ser um sintoma notável da crescente fraqueza e finitude dos instintos mais femininos. Há *ESTUPIDEZ* quase masculina em tal movimento e uma mulher bem-educada — que é sempre uma mulher sensível — poderia se sentir bastante envergonhada. Perder a intuição como base sobre a qual poderia conquistar a vitória; descuidar do exercício do uso de suas armas apropriadas; deixar-se ir antes do homem, talvez mesmo "até o livro" onde ela antes se manteve no controle e na astuta e refinada submissão; neutralizar com sua audácia virtuosa a crença do homem num ideal feminino fundamentalmente diferente *velado* na mulher, algo eterno e necessariamente feminino; dissuadir o homem, de maneira enfática e tagarela, da ideia de que a mulher deve ser preservada, cuidada, protegida e mimada, como um animal doméstico delicado, estranhamente selvagem e quase sempre agradável; a coleção desgraciosa e indigna da natureza de servidão e escravidão da posição que a mulher ocupou e ainda ocupa na ordem da sociedade de hoje (como se a escravidão fosse um contra-argumento, e não uma condição da cultura elevada e de cada elevação da cultura): — o que é que tudo isso indica, senão uma desintegração dos instintos femininos, uma desfeminização? Evidentemente que há amigos idiotas em número bastante grande de corruptores de mulheres entre os asnos esclarecidos do sexo masculino que aconselham as mulheres a se desfeminizar dessa maneira, e a imitar todas as estupidezes das quais sofre o "homem" da Europa, a "virilidade" europeia — e que gostaria de rebaixar a mulher ao grau da "cultura geral", e decerto à leitura de jornais e ao envolvimento com a política. Deseja-se fazer das mulheres, daqui e dali, espíritos livres e literatos: como se uma mulher sem compaixão não fosse uma coisa detestável ou ridícula para um homem profundo e ateu; — em quase todos os lugares, os nervos delas estão sendo arruinados pela música da espécie mais mórbida e perigosa (nossa mais nova música alemã), o que dia após dia as torna cada vez mais histéricas e incapazes de preencher sua função primeira e última, que é a de gerar filhos saudáveis. Eles desejam "cultivá-las" ainda mais, e de um modo geral pretendem, como dizem, tornar *FORTE* o "sexo frágil" através da cultura: como se história não tivesse ensinado da maneira mais enfática que o "cultivo" do ser humano e o enfraquecimento — ou seja, enfraquecendo, dissipando e definhando sua *FORÇA DE VONTADE* — sempre estiveram juntos, e que as mulheres mais poderosas e influentes do mundo (ultimamente a mãe de Napoleão) devem agradecer seu poder e ascendência sobre os homens à sua força de vontade — e não aos seus professores. O que inspira respeito em uma mulher, e muitas vezes também temor, é a sua *NATUREZA*, que é mais "natural" do que a do homem, sua hábil flexibilidade, sua garra de tigre oculta por dentro da luva como as de um animal carnívoro, sua ingenuidade no egoísmo, sua incapacidade em ser educada, sua selvageria inata, a abrangência de sua incompreensibilidade, a extensão e o desvio de seus desejos e virtudes... O que, apesar de provocar temor, nos estimula a despertar compaixão por esse felino perigoso e belo chamado "mulher", é o fato de ela parecer mais vulnerável, sofredora, mais vulnerável, mais necessitada de amor e mais condenada à decepção do qualquer outro animal. É com os sentimentos de temor e compaixão que até agora o homem se colocou na presença da mulher, sempre com um dos pés na tragédia, que destroça enquanto encanta — Como? Agora tudo está por acabar? Está acontecendo o *desencanto* da mulher? O tédio da mulher está aumentando lentamente? Oh Europa! Europa! Sabemos qual é o animal de chifres que mais gostas e do perigo com que ele sempre te ameaçou! Tua velha fábula deve mais uma vez tornar-se "história" — uma estupidez imensa deve, uma vez mais, dominar-te e sumir contigo! Com nenhum Deus oculto sob ela — não! Apenas uma "ideia", uma "ideia moderna"!...

# Oitava parte

## Povos e pátrias

**240** – EU OUVI, de novo pela primeira vez, a abertura dos *Mestres Cantores* de Richard Wagner: ela é uma peça artística linda, densa, grave e tardia, que tem a soberba de pressupor uma familiaridade de dois séculos com a música, para que seja compreendida: — é uma honra para os alemães que tal soberba tenha sido calculada errado! — Que néctares e forças, que estações e climas aqui não estão misturados! Às vezes, ela nos impressiona como antiga, em outras como estranha, amarga e mais para jovem, tão arbitrária quanto pomposamente tradicional, não raras vezes travessa, ainda com mais frequência, bruta e grosseira — possui fogo e coragem, e ao mesmo tempo a pele parda das frutas descoloridas que amadureceram tarde demais. Ela flui generosa e cheia: e de pronto há um momento de inexplicável hesitação, como um hiato que se abre entre a causa e o efeito, uma opressão que nos faz sonhar, quase um pesadelo; mas que em seguida se abre mais uma vez plena e caudalosa, a antiga torrente de deleite — o múltiplo deleite —, de uma felicidade antiga e nova: que inclui *MUITO* a alegria do artista consigo mesmo e que ele se recusa a esconder, a feliz e surpreendente consciência da maestria dos recursos que foram utilizados, os novos meios recém-adquiridos e ainda não inteiramente testados de uma arte que ele aparentemente nos mostra. Entretanto, feitas as contas, nenhuma beleza, nada meridional, nada da delicadeza e da claridade dos céus do sul, nada de graça, nenhuma dança, quase nada de vontade lógica; certa falta de jeito que é até enfatizada, como se o artista desejasse nos dizer: "é parte da minha intenção"; uma roupagem pesada, algo arbitrariamente bárbaro e solene, uma profusão de conceitos eruditos, veneráveis e espirituosos; algo alemão no melhor e no pior sentido da palavra, algo no estilo alemão múltiplo, sem forma e incansável; uma certa força e superpotência da alma alemã que não teme ocultar-se sob os refinamentos da decadência — que, talvez, sinta-se mais à vontade assim; um símbolo real e genuíno da alma alemã, que é ao mesmo tempo jovem e idosa, madura e ainda rica em possibilidades futuras. Esse tipo de música expressa melhor o que penso sobre os alemães: eles são de anteontem e de depois de amanhã — *ELES NÃO TÊM HOJE.*

241 — Nós, "bons europeus": temos também momentos em que nos permitimos um caloroso patriotismo, uma queda e recaída em antigos amores e perspectivas estreitas — dei apenas um exemplo disso — horas de excitação nacionalista, de patriótica ansiedade, e outras espécies de torrentes emotivas fora de moda. Espíritos mais embrutecidos talvez precisem de um tempo maior para digerir o que em nós persiste e acaba em algumas horas: alguns precisarão de meio ano, outros de metade de suas

vidas, de acordo com a velocidade e a força de sua digestão e de seu "metabolismo". De fato, imagino raças lentas e hesitantes que, mesmo em nossa Europa que se move com pressa, necessitariam da metade de um século para que pudessem superar tais ataques atávicos de patriotismo e apego ao solo, e retornar outra vez à razão, quer dizer, ao "bom europeísmo". Ao divagar sobre tal possibilidade, ocorreu-me tornar ouvinte de uma conversa entre dois velhos patriotas — ambos aparentemente com problemas de audição, pois falavam muito alto. "*ESSE* tem tanto e sabe tanto de filosofia quanto um aldeão ou um estudante de corporação", disse um deles — "e continua inocente". Mas que importância tem isso hoje em dia! Vivemos a era das massas: e elas se prostram ao chão diante de qualquer coisa que seja maciça. Assim também acontece em *politicis.*[1] Eles chamam de "grande" um estadista que ergue para eles uma nova Torre de Babel, uma monstruosidade de império e poder — o que é que lhes importa se nós, mais prudentes e conservadores, continuamos a acreditar que somente um grande pensamento confere grandeza a uma ação ou a uma realização? Supondo que um estadista levasse seus cidadãos a praticar uma "política elevada", para a qual fossem mal dotados e despreparados, e tivessem de sacrificar suas virtudes antigas e confiáveis por amor a uma mediocridade nova e duvidosa; — supondo que um

[1] Em latim: "política".

estadista condenasse a maior parte de seus cidadãos à "prática da política" quando, até então, eles tinham coisas melhores para fazer e em que pensar, e quando, no fundo, eram incapazes de livrar suas almas de uma aversão prudente pela inquietação e vazio das disputas barulhentas das nações que exercitam a prática da política; — supondo que tal estadista estimulasse as paixões adormecidas e a avidez de seus cidadãos e convertesse em estigma sua timidez e gosto pelo alheamento e em culpa o seu exotismo e imutabilidade oculta, depreciasse suas inclinações mais radicais, subvertesse suas consciências, estreitasse seus espíritos e seus gostos "nacionais" — como! Um estadista que fizesse tudo isso e que seus cidadãos tivessem de passar por tal penitência durante todo o seu futuro, se viessem a ter futuro, tal estadista seria *GRANDE*, não seria?" — "Sem dúvida!", respondeu com veemência o outro velho patriota, "do contrário, não *PODERIA* ter feito tudo isso! Foi talvez uma loucura desejar tais coisas! Mas talvez tudo o que é grande seja uma loucura desde o início!" — "Desperdício de palavras!", respondeu seu interlocutor aos gritos — "Forte! Forte! Forte! E louco! Grande *NÃO*!" — Visivelmente os anciãos tinham-se acalorado bastante ao gritar as suas "verdades", um na cara do outro, mas eu, na minha felicidade e meu além, ponderei que dentro em breve aquele que for o mais forte entre os mais fortes será Senhor, o que estabiliza a superficialidade espiritual de um povo através do aprofundamento de outro.

242 — Quer chamemos de "civilização", de "humanização", ou de "progresso" àquilo que distingue o europeu, quer o chamemos simplesmente de movimento *DEMOCRÁTICO* europeu sem louvá-lo ou censurá-lo por sua fórmula política — por detrás de todo o foco moral e político dessa mesma fórmula se apresenta um imenso processo *FISIOLÓGICO* que está sempre se ampliando, o processo de assimilação dos europeus, seu distanciamento cada vez maior das condições climáticas e hereditárias das quais se originam as raças unidas, sua independência cada vez maior de um *milieu*[2] *definido* que durante séculos o obrigaria a inscrever-se com exigências iguais no corpo e na alma —, quer dizer, a lenta emergência de uma espécie de homem nômade e essencialmente supernacional que possui, fisiologicamente falando, o máximo de arte e poder de adaptação como característica típica. Esse processo do *EUROPEU EM EVOLUÇÃO* que pode ser retardado em seu ritmo devido às grandes recaídas, mas que talvez por causa disso ganhe e cresça em veemência e profundidade — o *Sturm und Drang*[3] que ainda assolam o "sentimento nacional" dizem respeito a isso, assim como o anarquismo que emerge atualmente — esse processo provavelmente chegará a resultados que seus ingênuos propagadores, apóstolos de "ideias modernas"

---

[2] Em francês: "ambiente".

[3] Trata-se de um movimento cultural do romantismo alemão no séc. XVIII, que teve nomes como Goethe, Schiller e Lenz.

jamais teriam condições de imaginar. As mesmas novas condições nas quais, de uma maneira geral, vão acontecer um nivelamento e uma mediocrização do homem — um homem de rebanho, competente, industrioso, útil e talentoso — estão prontas, no mais alto grau, a produzir homens de exceção com as mais perigosas e atraentes qualidades. Porque, enquanto a capacidade de adaptação, que a cada dia tenta outras condições, e começa um novo trabalho com cada geração, em quase todas as décadas, torna impossível a *POTÊNCIA* do tipo; enquanto a impressão coletiva desses futuros europeus será provavelmente a de que um grande número de trabalhadores falastrões e fracos de vontade *NECESSITAM* de um senhor, de um dirigente, como precisam do pão de cada dia; então, enquanto a democratização da Europa tende à produção de um tipo preparado para a *ESCRAVIDÃO* no sentido mais sutil da palavra: o homem *FORTE*, em casos individuais e excepcionais, terá talvez que se tornar mais forte e mais rico do que jamais foi — devido à ausência de preconceito em sua educação e à imensa diversidade de sua prática, arte e dissimulação. Pretendo dizer que democratização da Europa é ao mesmo tempo um arranjo involuntário para a criação de *TIRANOS* —, tomando esta palavra em seu sentido mais amplo e até mesmo no seu sentido mais espiritual.

243 — Tenho ouvido com prazer que o nosso sol está se movendo rapidamente em direção à constelação de *Hércules*: e espero que os homens desta Terra façam como o sol. Principalmente nós, os bons europeus!

244 — Houve um tempo em que se costumava chamar os alemães de "profundos", como uma distinção: mas hoje em dia quando o tipo mais bem-sucedido do novo germanismo cobiça outras honrarias, e talvez lhe falte a "esperteza" em tudo o que tem profundidade, seria quase oportuno e patriótico duvidar se não nos enganamos anteriormente com esse elogio: enfim, se a profundidade alemã não seria, no fundo, algo diferente e pior — algo de que, graças a Deus, estamos a ponto de nos livrar. Tentemos, então, reaprender sobre a profundidade alemã, e para esse fim basta uma pequena vivissecção da alma alemã. — A alma alemã é, antes de tudo, mais múltipla e variada em sua natureza agregada e superposta do que realmente construída, e isso se deve à sua origem. Um alemão que tivesse a coragem de afirmar: "Duas almas, oh!, habitam meu peito", teria se enganado redondamente em relação à verdade, ou melhor, estaria muito aquém da verdade quanto ao número de almas. Como povo feito da junção e da mistura mais extraordinária de raças, talvez com uma preponderância do elemento pré-ariano como o "povo de centro" no sentido mais amplo do termo, os alemães são inimagináveis, mais abrangentes, mais contraditórios, mais desconhecidos, mais imprevisíveis, mais surpreendentes e até mesmo mais aterradores do que outros povos são para eles próprios: — não se pode *DEFINI-LOS*, e por isso são a causa do desespero dos franceses. É uma característica dos alemães nunca deixar de fazer esta pergunta: "o que significa ser

alemão?". Certamente Kotzebue conhecia muito bem seus alemães: "fomos reconhecidos", gritaram-lhe com alegria — mas Sand também pensou conhecê-los. Jean Paul sabia o que estava fazendo quando se declarou irritado com as adulações e exageros patrióticos e mentirosos de Fichte —, mas é provável que Goethe não pensasse da mesma maneira que Jean Paul sobre os alemães, embora reconhecesse que ele estava certo com relação a Fichte. É uma interrogação aquilo que Goethe realmente pensava acerca dos alemães. — Porém, ele nunca falou explicitamente sobre muitas coisas à sua volta e durante a sua vida foi um mestre em guardar um silêncio prudente: — provavelmente tinha boas razões para isso. Com certeza não foram as "Guerras de libertação" que deixaram o seu olhar mais alegre nem tampouco a Revolução Francesa —, o acontecimento que fez com que ele reconstruísse o seu "Fausto" e todo o problema "homem" foi o surgimento de Napoleão. Há frases de Goethe nas quais ele condena com severa impaciência, como se partisse de terras estrangeiras, aquilo de que os alemães têm orgulho; uma vez ele definiu o famoso *Gemüt*[4] alemão como "indulgência em relação às fraquezas, tanto as suas como a dos outros". Será que estava errado? É uma característica dos alemães se enganarem quando julgam a si próprios. A alma alemã tem passagens e galerias em si,

---

[4] Termo alemão de oficial tradução que normalmente qualifica um espírito "animado" e de "alegria terna".

cavernas, esconderijos e masmorras em si, sua desordem tem muito do encanto das coisas misteriosas, o alemão conhece muito bem os caminhos secretos que levam ao caos. E como toda coisa ama aquilo que simboliza, assim também os alemães amam as nuvens e tudo o que é obscuro, indistinto, mutante, úmido e velado: tudo aquilo que é incerto, rudimentar, evasivo, e crescente parece-lhe "profundo". O alemão propriamente dito não *EXISTE*, ele está *SE TORNANDO*, está "se desenvolvendo". "Desenvolvimento" é, portanto, a descoberta essencial e o acerto alemão no grande domínio das fórmulas filosóficas —, um conceito dominante que, junto com a cerveja e a música alemã, está trabalhando para a germanização de toda a Europa. Os estrangeiros estão maravilhados e se sentem atraídos pelos enigmas que a natureza conflitante da base da alma alemã lhes propõe (que Hegel sistematizou e Richard Wagner musicou). "Extrema credulidade e bom humor"— tal junção absurda em qualquer outro povo, infelizmente se justifica com frequência na Alemanha, e para se constatar isso basta viver algum tempo entre os suábios! A falta de traquejo e da inaptidão social do erudito alemão é assustadoramente compatível com sua instabilidade e audácia, as quais todos os Deuses aprenderam a temer. Se alguém deseja ver a "alma alemã" demonstrada *ad oculos*,[5] basta observar somente o gosto alemão e a grosseira indiferença das

---

[5] Em latim: "para os olhos".

artes e dos costumes alemães! Como o que é mais nobre e o mais vulgar se mantém de pé, lado a lado! Quão confusa e ao mesmo tempo rica é a avaliação de sua alma! O alemão se *ARRASTA* com sua alma, se arrasta com tudo o que vivencia. Digere mal seus eventos; nunca se satisfaz com eles "plenamente"; a profundidade alemã é quase sempre o resultado de uma "digestão" difícil e hesitante. E como todos os doentes crônicos inválidos, os dispépticos gostam do que é *cômodo* e assim os alemães amam a "franqueza" e a "honestidade"; é extremamente cômodo ser franco e honesto! — Tal confiança e afabilidade, tal comportamento de pôr as cartas na mesa da *HONESTIDADE* alemã é provavelmente o disfarce mais perigoso e mais bem-sucedido dos alemães de hoje em dia: é sua arte mefistofélica característica; com ela, eles ainda "irão muito longe!" O alemão se deixa ir, e desse modo contempla com seus olhos alemães leais, azuis e vazios — e os outros povos o confundem imediatamente com seu roupão! — Quero dizer que deixem a "profundidade alemã" ser o que ela quiser — aqui entre nós, não podemos ter a liberdade de rir dela? — faremos bem em levar adiante a honra de sua aparência e bom nome, e não trocar, de forma demasiadamente barata, a nossa velha reputação como um povo de profundidade pela "esperteza" prussiana e a sagacidade e areia de Berlim. É sábio para um povo se representar e se *DEIXAR* considerar como profundo, desajeitado, de boa índole, honesto, e tolo: talvez seja até — pode até ser profundo agir assim! Por fim, devemos honrar nosso nome — afinal de contas não somos chamados de "*TIUSCHE*" *VOLK* povo enganador, sem motivo...

245 — O "bom e o velho" tempo ficou no passado, foi cantado por Mozart — quão felizes somos por ainda escutar seu estilo rococó, sua "boa sociedade", seu terno entusiasmo, seu prazer infantil pelos floreios e *chinoiseries,*[6] sua cortesia do coração, seu desejo pela graciosidade, pela amorosidade, pela dança, pela comovente benção e sua fé no Sul por ainda poderem tocar em algo que *NOS RESTA* em nós! Em algum momento isso vai se acabar! — mas quem pode duvidar que antes se acabe a inteligência e o gosto por Beethoven! Porque ele foi apenas o último eco de uma ruptura e transição em grande estilo, e *NÃO*, como Mozart, o último eco de um grande gosto europeu que existia há séculos. Beethoven é o evento intermediário entre uma alma velha e madura que se quebra com frequência e uma alma futura extremamente jovem que está sempre *CHEGANDO*; sobre sua música se espalha o crepúsculo da perda eterna e da eterna esperança extravagante —, a mesma luz na qual a Europa se banhava quando sonhou com Rousseau e quando dançou em torno da árvore da liberdade da Revolução, e finalmente quando quase se prostrou em adoração a Napoleão. Mas quão rapidamente ESSE mesmo sentimento agora empalidece, quão difícil

---

[6] Imitação ou evocação dos estilos chineses na arte ou na arquitetura ocidentais.

nos dias de hoje é a APREENSÃO desse sentimento, quão estranha soa aos nossos ouvidos a linguagem de Rousseau, Schiller, Shelley e Byron sobre os quais *COLETIVAMENTE* o mesmo destino europeu soube se expressar e soube cantar Beethoven! — O que veio em seguida da música alemã pertence ao Romantismo, ou seja, a um movimento historicamente considerado como mais curto, mais fugaz e mais superficial do que o grande interlúdio, a transição europeia de Rousseau a Napoleão, e à ascensão da democracia. Weber — o que hoje em dia para *NÓS* significam o *Freischütz e Oberon*?[7] Ou *Hans Heiling* e *Vampyr*[8] de Marschner? Ou até mesmo a *Tannhäuser*[9] de Wagner? Essa música está extinta, embora ainda não esquecida. Além disso, toda essa música de romantismo não foi suficientemente nobre e musical para conservar sua posição em lugar algum a não ser no teatro e diante das massas; desde o início foi uma música de segunda categoria e pouco considerada pelos musicistas verdadeiros. Com Felix Mendelssohn, aquele mestre alciônico que por sua alma mais leve, mais pura e mais feliz, ganhou imediata admiração e foi do mesmo modo rapidamente esquecido: como o belo *EPISÓDIO* da música alemã. Mas em relação a Robert Schumann,

---

[7] Referência a duas óperas de Weber que muito influenciaram o desenvolvimento da ópera romântica na Alemanha do século XIX.

[8] Referência a duas óperas do compositor Heinrich August Marschner compostas entre 1828 e 1833, na Alemanha.

[9] *Tannhäuser*, de Richard Wagner, composta em 1843, combina o elemento mitológico de ópera alemã e da história medieval francesa de *Grand Opera* e fez grande sucesso na Alemanha e na França.

que levava as coisas a sério, e foi, igualmente, levado a sério desde o início — foi o último a fundar uma escola — não olhamos para isso, agora, como uma satisfação, um alívio e uma libertação pelo fato de o verdadeiro romantismo de Schumann ter sido ultrapassado? Schumann, que se refugiou na "Saxônia Suíça" com sua alma de uma natureza meio-Werther, meio-Jean Paul — seguramente diferente de Beethoven! Seguramente diferente de Byron! — para Manfred, sua música é um equívoco e um mal-entendido que chega ao patamar da injustiça; Schumann, com seu gosto, fundamentalmente *PEQUENO* (quer dizer, uma propensão perigosa — duplamente perigosa, entre os alemães — por seu lirismo tranquilo e embriaguez de sentimentos), sempre ficou à parte, retirando-sc c retraindo-se timidamente, um fraco nobre que se deleitava com nada além de alegria e de tristeza anônimas, desde o começo, uma espécie de menina *Noli me tangere*[10] — esse Schumann já não era só um acontecimento musical *ALEMÃO*, nem europeu como o fora Beethoven e num grau ainda maior o próprio Mozart; com ele, a música alemã ficou ameaçada pelo grande perigo de *DEIXAR DE SER A VOZ DA ALMA DA EUROPA* e foi se afundando em um caso meramente nacional.

246 — Que tortura para um leitor que tenha um *TERCEIRO* ouvido são os livros escritos em alemão. Como ele fica indignado quando se coloca junto ao

---

[10] Em latim: "não me toque".

giro vagaroso do pântano de sons sem melodia e ritmo, sem dança, que os alemães chamam de "livro"! Até mesmo o alemão que *LÊ* livros! Como reluta e tem preguiça de ler; e como lê mal! Quantos alemães sabem e consideram obrigatório saber que há *ARTE* em cada frase bem escrita — arte que deve ser percebida se a frase quer ser entendida! Se há uma interpretação errada sobre o seu *tempo*, por exemplo, a própria frase é mal entendida! Que não se tenha dúvida quanto à determinação rítmica das sílabas, que se sinta a quebra da simetria muito rígida como intencional e como encanto, que se deva emprestar um ouvido fino e paciente para cada *STACCATO* e cada *RUBATO*, que se perceba o sentido divino da sequência das vogais e ditongos e quão delicadamente e com que riqueza podem ser pintados e repintados na ordem em que estão dispostos: quem dentre os alemães leitores de livros está suficientemente preparado para reconhecer tais deveres e exigências e a ouvir tamanha arte e intenção na linguagem? Afinal, "não há ouvidos para isso"; e assim os contrastes de estilo mais marcantes não são ouvidos, e a obra de artesanato mais delicada fica *DESPERDIÇADA*, como se tivesse sido feita para surdos. — Esses foram os meus pensamentos quando percebi a forma grosseira e sem sensibilidade pela qual dois mestres da arte da prosa eram confundidos: um do qual as palavras caíam como gotas hesitantes e frias do teto de uma caverna úmida — ele conta com o som surdo que por ela ecoa; e outro que maneja sua língua como se fosse uma espada flexível, que de seu braço até os dedos de seus pés sente a felicidade perigosa do tremor da lâmina afiada que deseja morder, assobiar e cortar.

247 — Que o estilo alemão tem pouco a ver com a harmonia e o ouvido fica evidente no fato de que justamente os nossos bons músicos escrevem mal. O alemão não lê em voz alta, não lê para o ouvido, lê apenas com seus olhos: por enquanto seus ouvidos foram colocados por ele numa gaveta. Na antiguidade, quando um homem lia — o que era bem raro —, lia algo para si próprio em voz alta; as pessoas ficavam surpresas quando alguém lia em silêncio e o motivo disso era logo procurado. Em voz alta: quer dizer, com todos os crescendos, inflexões e variações de tom e variações do *TEMPO* com os quais o mundo *PÚBLICO* da antiguidade se deliciava. As leis do estilo escrito eram, então, as mesmas do estilo falado; em parte dependiam do desenvolvimento surpreendente e das exigências refinadas do ouvido e da laringe e em parte da força, resistência e potência dos pulmões dos antigos. Na concepção antiga, um período é acima de tudo um todo fisiológico que cabe em uma respiração. Tais períodos, como ocorrem nos textos de Demóstenes e Cícero que crescem e baixam duas vezes dentro de uma mesma respiração, faziam o prazer dos homens da *ANTIGUIDADE*, que sabiam por educação própria como apreciar as virtudes disso, a singularidade e a dificuldade da leitura dos períodos; — realmente NÓS, homens modernos, não temos o direito a um período *grande*, falta-nos o fôlego em todos os sentidos!

Aqueles anciãos eram todos, de fato, diletantes em retórica e, por conseguinte, conhecedores e, por conseguinte, críticos — e, dessa maneira, obrigavam seus oradores a alcançar extremos. Do mesmo modo como no século passado, quando todas as senhoras e cavalheiros italianos sabiam cantar, o virtuosismo da canção (e com isso também a arte da melodia —) atingiu seu ponto máximo. Na Alemanha, contudo (até bem recentemente quando um tipo de eloquência de palanque começou de modo tímido e desajeitado a querer voar com asas ainda imaturas), havia na verdade um só gênero de discurso público *APROXIMADAMENTE* artístico — que era proferido do púlpito. Na Alemanha, só os pregadores sabiam o peso da sílaba ou de uma palavra, e de que maneira uma frase ataca, salta, investe, flui e chega à conclusão; apenas eles tinham a consciência nos ouvidos, quase sempre uma má consciência: porque não faltam motivos para que um alemão consiga raramente, ou tarde demais, ter competência na oratória. A obra-prima da prosa alemã é, por bons motivos, a obra-prima do maior de seus pregadores: até o presente momento, a *BÍBLIA* é o melhor livro alemão. Em comparação com a Bíblia de Lutero, quase tudo mais não passa de "literatura" — algo que não prosperou na Alemanha, e por isso não se enraizou nos corações alemães, como fez a Bíblia.

248 — Há dois tipos de gênios: o que antes de tudo gera e procura gerar, e outro que, de boa vontade, quer ser fecundado e parir. De modo semelhante há entre os povos bem dotados aqueles em que o

problema feminino da gravidez lhes foi delegado e a tarefa secreta de formar, maturar e aperfeiçoar — os gregos foram, por exemplo, um povo desse tipo, e assim também são os franceses; e outros que tem de ser fecundados para se tornarem a causa de novos modos de vida — como os judeus, os romanos e, com todo o respeito, pergunto: como os alemães? — povos torturados e arrebatados por febres desconhecidas e irresistivelmente forçados a saírem de si, amorosos e sedentos de outras raças (aquelas que "se deixam fecundar"), e além de tudo, soberbos, conscientes de estarem repletos de força geradora, e consequentemente revestidos "pela graça de Deus". Esses dois tipos de gênio se procuram mutuamente como homem e mulher, mas ao mesmo tempo se desentendem — como homem e mulher.

249 — Todos os povos têm a sua própria "tartufaria", a que chamam de sua virtude. — Ninguém sabe — ninguém pode saber o que tem de melhor.

250 — O que a Europa deve aos judeus? — Muitas coisas, coisas boas e más, e acima de tudo uma coisa ao mesmo tempo da melhor e da pior natureza: o grande estilo da moral, o temor e a grandiosidade de exigências infinitas, de significados infinitos, todo o Romantismo e a sublimidade dos questionamentos morais — e consequentemente, justo a parte mais atraente, insidiosa e requintada daquelas iridescências e atrativos para a vida em cujo brilho talvez se apague à luz do céu da noite de nossa cultura europeia. Nós,

artistas, entre espectadores e filósofos sentimos pelos judeus gratidão.

251 — Não se deve desprezar se várias nuvens e turbulências passarem sobre o espírito de um povo que sofre — e que *DESEJA* sofrer de febre nervosa nacional e ambição política, em resumo, pequenos ataques de estupidez: por exemplo, entre os alemães de hoje há a insensatez antifrancesa, a insensatez antissemita, a insensatez antipolonesa, a insensatez cristã-romântica, a insensatez wagneriana, a insensatez teutônica, a insensatez prussiana (vejam-se aqueles pobres historiadores, os Sybels e os Treitschkes com suas cabeças bem enfaixadas), e do que mais podem ser chamadas essas pequenas obscuridades alemãs do espírito e da consciência. Que me perdoem também, quando numa curta e arriscada permanência em um terreno infectado, eu não permaneci totalmente isento da doença, e, como todo mundo, comecei a pensar sobre coisas que não me dizem respeito — o primeiro sintoma de infecção política. Sobre os judeus, por exemplo, ouçam o seguinte: — jamais encontrei um alemão que tivesse uma inclinação favorável pelos judeus; e embora todos os políticos e homens sensatos tenham decidido repudiar o atual antissemitismo, essa sensatez e essa política talvez não estejam voltadas diretamente contra o próprio gênero do sentimento, mas sim contra seus excessos perigosos, especialmente contra a expressão absurda e vergonhosa desse excesso de sentimento; — sobre esse ponto, não devemos nos iludir. Que a Alemanha já tem judeus

em número *SUFICIENTE*, que o estômago alemão, o sangue alemão tem dificuldade (e terá dificuldade por muito tempo) em dar conta desse número de "judeus" — como fizeram os italianos, franceses e ingleses por meio de uma digestão mais forte —: essa é a declaração clara e a linguagem do instinto geral, a qual se deve ouvir e de acordo com a qual se deve agir. "Que não deixem entrar mais judeus! E fechem as portas, principalmente as portas do leste (e as que dão para a Áustria)!" — assim ordena o instinto de um povo cuja natureza é ainda débil e incerta e que pode ser facilmente extinguida por uma raça mais forte. Os judeus, entretanto, são sem dúvida a raça mais forte, resistente e pura que vive atualmente na Europa. Eles sabem como ter sucesso mesmo nas piores condições (de fato ainda melhor do que sob condições favoráveis), devido a certas virtudes que hoje em dia alguns preferem rotular de vícios — devido, sobretudo, a uma fé determinada que não se envergonha diante de "ideias modernas", eles se modificam apenas *QUANDO* se modificam, do mesmo modo que o Império Russo faz suas conquistas — como um império que tem tempo suficiente e não é de ontem —: isto é, segundo o princípio "o mais lentamente possível"! Um pensador que tenha na consciência o futuro da Europa, em todas as perspectivas a respeito desse futuro, terá de levar em conta os judeus, e os russos, como os fatores mais certos e prováveis no grande jogo e combate de forças. Aquilo que atualmente na Europa é chamada de "nação" e é mais uma *RES FACTA* [11] do que *NATA* [12] (que de fato às vezes pode ser confundida com uma *RES FICTA ET PICTA )*[13], é em todo caso uma coisa em evolução, jovem, de fácil deslocamento, e que ainda não é uma raça, muito menos raça *AERE PERENNIUS,*[14] como os judeus: tais "nações" deveriam ter o maior cuidado em evitar a rivalidade e a hostilidade com os mais inflamados! É certo que os judeus, se desejassem — ou se forem levados a tanto, como querem os antissemitas —, *PODERIAM* agora ter uma ascendência, uma supremacia literal sobre a Europa, com a mesma certeza de que eles *NÃO* trabalham nem planejam isso. No entanto, eles querem e desejam, de uma forma quase incômoda, é ser assimilados e absorvidos pela Europa, anseiam finalmente se estabelecer em algum lugar de forma legal e serem respeitados, colocando um fim na vida nômade do "judeu errante" —; e devíamos nos preparar e levar em conta esse impulso e essa tendência (o que talvez indique um abrandamento dos instintos judaicos) e sob esse aspecto talvez fosse útil e razoável expulsar do país os agitadores antissemitas. Deve-se avançar nesse sentido com toda a prudência e seleção, como tão bem faz a nobreza inglesa. É evidente que os tipos mais poderosos e fortemente marcados do novo

[11] Em latim: "coisa feita".
[12] Em latim: "nascida".
[13] Em latim: "coisa imaginada e pintada".
[14] Em latim: "mais perene que o bronze".

germanismo poderiam estabelecer uma relação com os judeus sem a menor hesitação, por exemplo, o oficialato aristocrático da fronteira prussiana estaria interessado de muitas maneiras em ver se o talento para o dinheiro e a paciência (especialmente algum espírito e espiritualidade — lamentavelmente em falta naquele lugar) não poderia também ser anexado e treinado na arte hereditária de comandar e obedecer — porque para essas duas coisas o país em questão tem uma reputação clássica. Mas aqui é aconselhável interromper meu discurso festivo e minha animada teutomania, pois já atingi o meu tópico mais *SÉRIO*, o "problema europeu", tal como o entendo, no cultivo de uma nova casta dominante para a Europa.

252 — Eles não são uma raça filosófica — os ingleses: Bacon representa um *ATAQUE* ao espírito filosófico em geral, Hobbes, Hume e Locke representam há mais de um século o rebaixamento e a depreciação do conceito de "filósofo". Foi *CONTRA* Hume que Kant se levantou e se colocou; sobre Locke, *COM RAZÃO* Schelling disse: "*JE MÉPRISE LOCKE*";[15] na luta contra a estupidez mecanicista inglesa do mundo, estavam de acordo Hegel e Schopenhauer (com Goethe); os dois irmãos gênios hostis da filosofia empurraram o espírito alemão para polos opostos e diferentes direções e por isso acabaram por prejudicar um ao outro, como só irmãos podem fazer. — O que está em

[15] Em francês: "Eu desprezo Locke."

falta na Inglaterra, e disso ela sempre foi carente, como o sabia muito bem Carlyle, aquele meio-ator retórico, de cabeça confusa e absurda, que procurou esconder sob caretas apaixonadas o que sabia sobre si mesmo, isto é, aquilo que lhe *faltava*: — *o PODER* real do espírito, a *PROFUNDIDADE* real da percepção espiritual, em resumo, a filosofia. É característica dessa raça não filosófica agarrar-se ao cristianismo — *PRECISA* de sua disciplina para se "moralizar" e humanizar. O inglês, mais sombrio, sensual, obstinado e mais brutal do que o alemão — justamente por esta razão, por ser o mais vil dos dois —, é também o mais devoto: o que tem mais *NECESSIDADE* do cristianismo. Para narinas mais sutis, esse cristianismo inglês possui ainda um odor inglês característico de melancolia e de excesso alcoólico, o qual, por bons motivos, é usado como antídoto — um veneno mais sutil para neutralizar outro mais rude: uma forma mais sutil de envenenamento é, na verdade, um passo adiante para povos mais rudes, um passo em direção à espiritualização. A rudeza e a rusticidade inglesa continuam a ser mais satisfatórias pela arte cristã de se expressar através de gestos, por rezas e cânticos de salmos (ou mais corretamente, é assim explicado e expresso de modo diferente); e para o rebanho de bêbados e libertinos que aprenderam outrora grunhidos morais sob a influência do modo metodista — e mais recentemente do "Exército da Salvação" —, uma penitência adequada pode realmente ser a manifestação relativamente elevada de "humanidade" à qual eles podem ascender: o que se pode admitir razoavelmente. Contudo, aquilo que ainda ofende até o mais humano dos ingleses é a sua falta de música, falando figurativamente (e sem metáforas): ele não tem nos movimentos de sua alma e de seu corpo nem cadência, nem dança; de fato, nem mesmo o desejo de cadência e de dança, de "música". Ouçamo-lo falar; vejam a mais bela das mulheres inglesas *ANDAR* — em nenhum país da Terra há pombos e cisnes mais belos; por fim, ouçamo-las cantar! Mas estou pedindo muito...

253 — Há verdades que são mais bem entendidas por cabeças medíocres, porque melhor se adaptam a elas; há verdades que possuem apenas encantos e poder de sedução para espíritos medíocres: — somos levados a essa conclusão, provavelmente desagradável, agora que a influência dos respeitáveis, porém medíocres, ingleses — posso citar: Darwin, John Stuart Mill e Herbert Spencer — começa a ganhar ascendência sobre o gosto da classe média europeia. De fato, quem pode negar que é útil para *TAIS* espíritos ter ascendência durante algum tempo? Seria um erro considerar os espíritos de alta linhagem e independentemente elevados como especialmente qualificados para determinar e cobrar muitos pequenos fatos comuns, e tirar conclusões a partir deles; pelo contrário, como exceções eles estão, em princípio, numa posição nada favorável em relação àqueles que são "regras". Ultimamente, eles têm mais o que fazer do que simplesmente perceber: — com efeito, eles têm de *SER* algo novo, *SIGNIFICAR* algo

novo, *REPRESENTAR* novos valores. As lacunas entre o conhecimento e a competência é talvez maior, e também mais sinistra do que se pensa: o homem capaz, em grande estilo, o criador, possivelmente terá de ser um ignorante; — enquanto, por outro lado, para descobertas científicas como as de Darwin, talvez não seja desfavorável certa estreiteza, aridez e um cuidado diligente, ou seja, algo inglês para chegar até elas. — Por fim, não esqueçamos que os ingleses, com sua profunda mediocridade uma vez já levaram à depressão geral o espírito europeu. O que vem sendo chamado de "ideias modernas" ou "ideias do século XVIII" ou "ideias francesas" — consequentemente contra as quais o espírito *ALEMÃO* ergueu-se com profunda aversão — teve origem inglesa, não há dúvida. Os franceses foram apenas macacos e atores cômicos dessas ideias, e também seus melhores soldados, e da mesma forma, ai de mim!, as suas primeiras *VÍTIMAS* e as mais graves; devido à diabólica anglomania das "ideias modernas", a *ÂME FRANÇAISE*[16] tornou-se por fim tão frágil e macilenta que hoje em dia quase duvidamos da força profunda e apaixonada e da nobreza inventiva que tinha nos séculos XVI e XVII. Contudo, devemos manter esse veredito de justiça histórica com determinação, e defendê-la contra os preconceitos e aparências visíveis: a *Noblesse*[17] europeia — de sentimento, gosto e costumes, tomando a palavra em seu sentido mais amplo

---

[16] Em francês: "alma francesa".
[17] Em francês: "nobreza".

— é obra e invenção da *FRANÇA*; a vulgaridade e o plebeísmo das ideias modernas são obras e invenções da *INGLATERRA*.

254 — Mesmo atualmente, é a França que continua a ser o berço da cultura mais espiritual e refinada da Europa, ainda é lá a elevada escola do gosto; mas é preciso saber como encontrar esta "França do gosto". Aquele que pertence a ela se mantém bem escondido: — deve ser um pequeno o número de pessoas que a faz viva e incorporada, gente talvez não muito firme e meio fatalista, hipocondríaca, inválida, melindrosa e artificial que tem como AMBIÇÃO se esconder. Todos eles têm algo em comum: mantêm os ouvidos tapados na presença da delirante loucura e da verborragia ruidosa dos *Bourgeois*[18] democráticos. De fato, atualmente uma França embotada e embrutecida que se espalha em primeiro plano — comemorou recentemente uma verdadeira orgia de mau gosto e de admiração por si própria, nos funerais de Victor Hugo. Há também uma coisa comum a eles: uma predileção em resistir à germanização espiritual — e uma incapacidade ainda maior de fazê-lo! Nessa França do espírito de agora, que também é a França do pessimismo, Schopenhauer talvez tenha se sentido mais à vontade, e mais nativo, do que jamais se sentiu na Alemanha; sem falar de Heinrich Heine, que tem estado há muito tempo na carne e no sangue dos poetas líricos mais refinados e delicados de

[18] Em francês: "burgueses".

Paris, ou de Hegel, que está presente hoje, na pessoa de Taine — o *PRIMEIRO* historiador vivo — exercendo uma influência quase tirânica. No que diz respeito a Richard Wagner, contudo, quanto mais a música francesa aprenda a se adaptar às necessidades atuais da *ÂME MODERNE*, tanto mais vai se "wagnerizar"; pode-se predizer com segurança que de antemão isso já está acontecendo! Entretanto, há três coisas que os franceses ainda podem ostentar com orgulho como sua herança e patrimônio, e como símbolo indelével de sua superioridade espiritual na Europa, a despeito de toda a voluntária e involuntária germanização e da vulgarização do gosto. Primeiro a capacidade para as paixões artísticas, para a devoção à "forma", para a qual foi inventada, junto com muitas outras, a expressão *L'ART POUR L'ART*:[19] — tal capacidade não esteve em falta na França durante três séculos; e, devido à sua reverência pelo "pequeno número", ela tornou possível uma espécie de música de câmara da literatura que em vão se procura em qualquer outro lugar da Europa. A segunda coisa com a qual a França pode alegar superioridade sobre a Europa é a sua antiga e multifacetada cultura *MORALISTA*, devido à qual se pode encontrar, mesmo em pequenos *ROMANCIERS*[20] dos jornais e eventuais *BOULEVARDIERS DE PARIS*,[21] uma sensibilidade

[19] Em francês: "a arte pela arte".
[20] Em francês: "romancistas".
[21] Em francês: "frequentadores do bulevar".

e curiosidade psicológica da qual, por exemplo, não se tem ideia (para não se falar nada sobre isso!) na Alemanha. Para tanto, aos alemães falta o requisito de alguns séculos de trabalho moralista que, como já dissemos, a França não se poupou: aqueles que chamam os alemães de "ingênuos" por causa disso lhes fazem um elogio por sua deficiência. (Como o oposto da inexperiência e inocência alemã *In voluptate psychologica,*[22] que não está tão remotamente associada ao tédio do convívio alemão — e como a melhor expressão da genuína curiosidade e talento inventivo dos franceses. Nesse domínio dos estremecimentos delicados, pode-se considerar Henri Beyle, aquele notável antecipador e precursor que, com presteza napoleônica, atravessou SUA Europa, e muitos séculos da alma europeia, como seu supervisor e descobridor: — foram necessárias duas gerações para *ALCANÇÁ-LO* de uma forma ou de outra, para adivinhar depois de muito tempo alguns dos enigmas que o deixavam perplexo e maravilhado — esse estranho epicurista e homem questionador, o último grande psicólogo da França —). Há ainda uma terceira afirmação de superioridade: o comportamento dos franceses é uma síntese intermediária de Norte e do Sul que os faz compreender muitas coisas e os leva a outras que um inglês jamais entenderia. Seu temperamento, indo para o Sul e dele vindo

---

[22] Em latim: "na voluptuosidade psicológica".

alternadamente, e ao qual, de tempos em tempos, se misturam os sangues provençal e ligúrio, os preserva do terrível cinzento-gris nórdico, da fantasmagoria conceitual sem sol e da pobreza de sangue — nossa doença *ALEMÃ* de gosto, contra a qual, pela excessiva prevalência no presente momento, estão sendo prescritos com obstinação, sangue e ferro, ou seja, "alta política" (de acordo com uma arte perigosa de cura que me leva a esperar e esperar, e não me dá esperança). Ainda existe na França um entendimento prévio e um acolhimento para esses homens mais raros, e raramente satisfeitos, que são compreensivos demais para se satisfazerem com qualquer espécie de patriotismo, que sabem amar o sul quando estão no norte e o norte quando estão no sul — os nascidos mediterrâneos, os "bons europeus". Para eles, BIZET fez música, este último gênio que vislumbrou nova beleza e sedução —, que descobriu um pedaço do *SUL NA MÚSICA*.

255 — Asseguro que se deve tomar algumas precauções em relação à música alemã. Supondo que uma pessoa ame o sul, como eu, como uma grande escola de recuperação dos grandes males espirituais e sensuais, como um resplendor solar infinito que se espalha sobre uma existência soberana que tem fé em si mesma — bem, uma pessoa desse tipo vai aprender a cautela em relação à música alemã porque, ao ferir seu gosto mais uma vez, vai também fazer mal à sua saúde. Um meridional como esse, meridional não por origem, mas por *CRENÇA*, se sonha com o

futuro da música, deve sonhar também com a sua libertação da influência do norte; e deve ter em seus ouvidos o prelúdio a uma música mais poderosa e profunda, talvez mais perversa e misteriosa, uma música superalemã que não desvaneça, esmoreça e desbote como ocorre com toda a música alemã com a visão azul do mar voluptuoso, o brilho mediterrâneo do céu — uma música supereuropeia, que se afirme mesmo na presença dos poentes amarronzados do deserto, cuja alma é semelhante a uma palmeira e possa se sentir em casa e passear com grandes, lindos e solitários animais de rapina... Eu poderia imaginar uma música sobre a qual o mais raro dos encantos seria o não saber não saber mais nada do bem e do mal; apenas que aqui e acolá, talvez alguma nostalgia como a de um marujo passasse de leve sobre ela como uma sombra dourada e tênues fraquezas; uma arte que, vinda de longe, absorvesse as cores de um mundo MORAL em declínio e quase incompreensível e fosse bastante hospitaleira e profunda para acolher esses fugitivos tardios.

256 — Graças à mórbida alienação que a loucura do nacionalismo gerou e ainda gera entre as nações da Europa e devido também aos políticos de visão curta e mãos rápidas que, com a ajuda dessa mesma loucura, estão atualmente no poder, e que não suspeitam que a política de desintegração que executam precisa necessariamente ser apenas uma política de interlúdio — devido a tudo isso e a mais ainda que no momento é impossível de ser dito, estão sendo negligenciados,

ou arbitrária e intencionalmente mal interpretados, os sinais mais inconfundíveis de que a *EUROPA DESEJA SER UMA SÓ*. Em todos os homens mais profundos e esclarecidos deste século, a verdadeira tendência geral do trabalho misterioso de suas almas foi preparar o caminho para a nova SÍNTESE e fazer em modo experimental antecipar a Europa do futuro, apenas em suas simulações ou em seus momentos de fraqueza, talvez só na velhice tenham pertencido às suas "pátrias" — apenas eles descansaram de si mesmos ao se tornarem "patriotas". Penso em homens como Napoleão, Goethe, Beethoven, Stendhal, Heinrich Heine, Schopenhauer: não me entendam mal se eu relacionar também entre eles Richard Wagner, por quem não devemos nos deixar enganar por seus desentendimentos consigo mesmo (gênios como ele raramente têm o direito de entender a si próprios), tampouco nos deixemos enganar, é claro, pelo barulho indecoroso com que na França de agora se resiste e se opõe a ele: não obstante, persiste o fato de que Richard Wagner e os *tardios ROMÂNTICOS FRANCESES* dos anos 1840 estão mais intimamente relacionados entre si. Eles são semelhantes, fundamentalmente semelhantes, em todas as alturas e profundidades de suas exigências; é a Europa, a Europa *UNA*, cuja alma precisa ardentemente e com urgência sair, crescer e ascender em sua arte variada e impetuosa — para onde? Para uma nova luz? Para um novo sol? Mas quem tentaria expressar corretamente o que esses mestres das novas maneiras de expressão não conseguiram exprimir claramente? É certo que a mesma *Sturm und Drang* os atormentava, que da mesma forma eles *BUSCAVAM*, estes últimos grandes buscadores! Todos eles mergulhavam na literatura até os olhos e ouvidos — esses primeiros artistas da cultura literária universal — na maior parte, até mesmo eles, os escritores, poetas, intermediários e misturadores das artes e dos sentidos (Wagner é reconhecido como músico entre os pintores, como poeta entre os músicos, como artista entre os atores); todos fanáticos da *EXPRESSÃO* "a qualquer custo" — Em especial, menciono Delacroix como o mais aparentado a Wagner; todos eles grandes descobridores no reino das coisas sublimes e também das repugnantes e terríveis, descobridores ainda maiores no terreno do efeito, na exposição, na arte da mostra; todos com um talento que ultrapassa a sua genialidade, VIRTUOSOS de cima a baixo, com acessos misteriosos a tudo que seduz, fascina, constrange e desnorteia; inimigos natos da lógica e da linha reta, ansiosos pelo estranho, pelo exótico, pelo monstruoso, pelo torto e o contraditório; como homens, Tântalos da vontade, novos-ricos plebeus, que se sabiam incapazes de um nobre *TEMPO* ou de um *LENTO* na vida e na ação — que se pense, por exemplo, em Balzac —, trabalhadores desenfreados, quase a se destruírem pelo trabalho, de costumes antinomistas e rebeldes, ambiciosos insaciáveis sem equilíbrio e prazer; todos por fim despedaçando-se e prostrando-se diante da cruz cristã (e com razão, pois quem dentre eles seria suficientemente profundo e virgem para uma filosofia do ANTICRISTO?); no total, uma espécie de homens superiores, ousados e temerários, esplêndidos e arrogantes, sobranceiros e altaneiros que tiveram primeiro de ensinar ao seu século — que é o século das *MASSAS*! — o conceito do "homem superior"... Deixem que os amigos alemães de Richard Wagner discutam entre si e se há na arte wagneriana alguma coisa puramente germânica, ou se essa distinção não consiste justamente de sua vinda de fontes e impulsos *SUPERALEMÃES*: nesse sentido, não deve ser subestimado na formação total de seu tipo quão indispensável foi Paris, que pela profundidade de seus instintos o fez ansiar por visitar no momento mais decisivo — e como toda a natureza de seu comportamento, de seu autoapostolado, só poderia se aperfeiçoar à vista do modelo dos socialistas da França. Numa comparação mais sutil, talvez se possa descobrir, para a honra da natureza alemã de Richard Wagner, que ele trabalhou em tudo com mais força, ousadia, severidade e elevação do que um francês do século XIX o faria — graças a nós, alemães, ainda estarmos mais próximos da barbárie do que os franceses; — talvez a criação mais notável de Richard Wagner não seja para o presente, permaneça inacessível para sempre, incompreensível e inimitável até os últimos dias da raça latina: a figura de Siegfried, aquele homem *MUITO LIVRE*, que é provavelmente livre demais, duro demais, contente demais, sadio e *ANTICATÓLICO* demais para o gosto de nações mais maduras e civilizadas. Pode mesmo ter sido um pecado contra o Romantismo, este Siegfried antilatino: bem, Wagner expiou plenamente esse pecado nos dias tristes de sua velhice, quando — prevendo um gosto que foi enfim passado para a política — começou, com a veemência religiosa que lhe era peculiar, se não a percorrer, a pregar *O CAMINHO PARA ROMA*. — Para que estas últimas palavras não sejam mal entendidas, gostaria de pedir ajuda a uns poucos versos cujo poder vai revelar aos ouvidos menos delicados o que eu quero dizer — quero me colocar *CONTRA* o "último Wagner" e na música de seu *Parsifal*.

— Isso ainda é alemão? —
De um coração alemão saiu esse grito abafado?
E de um corpo alemão esse autoflagelo?
É alemão esse largo gesto sacerdotal,
Esse êxtase cheirando a incenso?
É alemã essa hesitação, essa queda, esse cambalear,
E esse bamboleio incerto?
Esse olhar furtivo de freira, ao soar do sino,
Todo esse falso-extático a ansiar o céu?
Isso ainda é alemão?
Estás a considerar!
Ainda esperas no portão
Pois o que ouves é *ROMA*,
*A FÉ DE ROMA SEM PALAVRAS*!

# Nona parte

## O que é nobre?

**257** — Toda a elevação do tipo "homem" foi até agora obra de uma sociedade aristocrática e será sempre assim: uma sociedade que acredita numa longa escala de hierarquias e diferenças de valor entre os homens, e exige a escravidão de uma forma ou outra. Sem o *PATHOS DA DISTÂNCIA*, tal como se desenvolve das diferenças entranhadas entre as classes, fora do constante olhar de cima para baixo das classes dominantes sobre os subordinados e instrumentos, e da prática igualmente constante de obedecer e comandar, de rebaixar-se e manter distância — outro *pathos* mais misterioso nunca poderia ter surgido, o desejo para um aumento sempre novo da distância no interior da própria alma, a formação de estados cada vez mais elevados, mais raros ainda, mais longos, estados mais abrangentes, em suma, a elevação do tipo "homem", a contínua "autossuperação do homem", para usar uma fórmula moral num sentido supramoral. Para ter certeza, não devemos nos resignar a ilusões humanitárias sobre a história da origem de uma sociedade aristocrática (ou seja, da condição preliminar para a elevação do tipo "homem"): a verdade é dura. Vamos reconhecer, sem preconceito, como cada cultura superior começou na Terra! Homens de uma natureza ainda natural, bárbaros no sentido mais terrível da palavra, homens de rapina e ainda possuidores de uma força de vontade intacta e ânsias de poder lançaram-se sobre raças mais fracas, mais morais, mais pacíficas (talvez comunidades comerciantes ou pastoris) ou sobre velhas culturas murchas em que a força vital tremeluzia em fogos de artifício brilhantes de espírito e corrupção. No início, a casta nobre foi sempre a casta bárbara: sua superioridade não consistia, em princípio, na força física, mas sim na força psíquica — eles eram homens *mais COMPLETOS* (que em qualquer aspecto significa o mesmo que "as bestas mais completas").

258 — A corrupção — como indicação de que a anarquia ameaça irromper entre os instintos, e que o fundamento dos afetos chamado de "vida" está conturbado — é algo radicalmente diferente, de acordo com o tecido da vida no qual se manifesta. Por exemplo, quando uma aristocracia como a da França do início da Revolução descartou seus privilégios com sublime nojo e sacrificou ao máximo o seu sentimento moral, isso era corrupção: — foi, na verdade, o ato final de uma corrupção que existia há séculos e por meio da qual aquela aristocracia abdicou passo a passo de suas prerrogativas senhoriais e rebaixou-se a uma *FUNÇÃO* da realeza (ao final até mesmo serviu apenas de ornato e enfeite de gala). Entretanto, o essencial numa aristocracia boa e sadia é que ela não deve se considerar como uma função (nem da realeza, nem da comunidade), mas sim como o seu *SENTIDO*

e justificativa mais elevados — e que aceite de bom grado o sacrifício de uma legião de indivíduos que, *POR SUA CAUSA*, sejam oprimidos e reduzidos à condição de homens imperfeitos, a escravos e instrumentos. É fundamental que sua crença seja a de que *NÃO* é permitida à sociedade existir em seu benefício próprio, mas sim e apenas como alicerce e andaime pelo meio dos quais uma classe seleta de pessoas possa elevar-se às posições mais altas, e em geral, a um *ser* mais elevado: como aquelas plantas sequiosas da luz do sol encontradas em Java — que se chamam *SIPO MATADOR*[1] — que envolvem por tanto tempo um carvalho com seus braços que até crescem mais alto que ele, e suportadas por ele podem, por fim, abrir suas copas em plena luz e exibir sua felicidade.

259 — Reprimir a ofensa, a violência e a exploração mútuas e igualar sua própria vontade com a do outro: isso pode, grosso modo, ser resultado de uma boa convivência entre indivíduos quando existem as condições necessárias (a saber, sua efetiva semelhança factual em quantidades de força e qualidade de valor, e união dentro de um corpo). Se, no entanto, se desejasse tomar esse princípio, se possível como o *PRINCÍPIO FUNDAMENTAL DA SOCIEDADE*, ele imediatamente se revelaria como de fato é — ou seja: vontade de *NEGAÇÃO* da vida, princípio de dissolução e decadência. Aqui devemos pensar profundamente e resistir a toda fraqueza

[1] Cipó matador.

sentimental: mesmo a vida é *ESSENCIALMENTE* apropriação, ofensa, submissão ao estranho e ao fraco, opressão, dureza, intromissão em formas originais, incorporação, e no mínimo para falar de forma mais suave, exploração; — mas por que se deveriam usar sempre tais palavras que há muito tempo mostraram um propósito depreciativo? Mesmo esse corpo no qual, como se supunha anteriormente, os indivíduos tratam de igual para igual — o que acontece em todas as aristocracias sadias — deve, se é um corpo vivo, e não morto, fazer tudo aos outros corpos que os seus indivíduos se abstêm de fazer uns aos outros e terá de ser a vontade de potência encarnada, deverá empenhar-se em crescer, em expandir-se, atrair para si e adquirir ascendência — não devido a uma moralidade ou imoralidade qualquer, mas porque *VIVE* e porque a vida *É* precisamente a vontade de potência. Em nenhum outro aspecto, contudo, a consciência comum dos europeus resiste mais àquilo que lhe serve de exemplo; por toda parte as pessoas sonham, até mesmo sob o pretexto científico, com as condições futuras da sociedade na qual o "caráter explorador" deverá estar ausente — o que soa aos meus ouvidos como se tivessem prometido inventar uma vida que se abstivesse de todas as funções orgânicas. A "exploração" não é privilégio de uma sociedade depravada, imperfeita ou primitiva; pertence à *essência* dos seres vivos como uma função orgânica primária, é uma consequência da vontade de potência intrínseca que é exatamente a vontade de vida. — Admitindo-se como teoria, isso é uma novidade — como realidade, entretanto, e sejamos honestos conosco mesmos até aqui, é o *FATO FUNDAMENTAL* de toda história!

260 — Num passeio por entre as morais mais refinadas, e as mais grosseiras que prevaleceram até agora ou que ainda prevalecem em alguns lugares da Terra, encontrei certos traços recorrentes juntos e ligados uns aos outros, até que finalmente se revelaram a mim dois tipos primários e uma distinção radical foi trazida à luz. Há uma *MORAL DOS SENHORES* e uma *MORAL DOS ESCRAVOS* —, e prontamente acrescento, no entanto, que em todas as civilizações superiores e mistas também há tentativas de mediação dessas duas morais, mas ainda encontramos com mais frequência uma confusão e uma incompreensão mútua entre elas, e, de fato, algumas vezes, a dura justaposição — até mesmo num homem, no interior de uma mesma alma. As distinções morais de valor foram originadas ou de uma espécie dominante, tranquilamente confiante de sua diferença em relação à dos dominados — ou entre os dominados, os escravos e dependentes de toda a sorte. No primeiro caso, quando os dominantes determinam o conceito do "bom", são elevados estados de alma orgulhosos que são considerados características distintivas e determinam sua ordem hierárquica. O homem de espécie nobre separa de si os seres nos quais se mostra o oposto desses estados de elevação e orgulho: os despreza. Note-se, de pronto, que nessa primeira espécie

de moral os opostos "bom" e "mau" significam praticamente o mesmo que "nobre" e "desprezível" —, os opostos "bem" e "*MAL*" são de uma origem diferente. O covarde, o mesquinho e aquele cujo pensamento tem pouca utilidade são desprezados; além disso, também, o desconfiado com seus olhares reprimidos, o que se rebaixa, o que se assemelha ao cão e se deixa ser abusado, o adulador suplicante, e acima de todos esses, o mentiroso: — é crença básica de todos os nobres que as pessoas comuns são mentirosas. "Nós, verdadeiros" — era como a nobreza da Grécia antiga chamava a si própria. É óbvio que de início as designações morais de valor foram aplicadas somente a *HOMENS*; mais tarde passaram a dizer respeito a *AÇÕES*; é erro grosseiro, portanto, quando os historiadores da moral começam com questões, tais como "Por que a ação compassiva foi louvada?" O homem de espécie nobre vê *A SI MESMO* como aquele que determina os valores; ele não tem necessidade de ser aprovado; ele é quem julga: "Aquilo que me é prejudicial é prejudicial em si"; ele sabe que é ele quem confere honra às coisas; ele é quem *CRIA VALORES*. Ele honra aquilo que nele reconhece: tal moral é a glorificação de si mesmo. Em primeiro plano, há um sentimento de plenitude, de poder que busca transbordar, uma felicidade de alta tensão, a consciência de uma riqueza que de bom grado cederia e daria de presente: — o homem nobre também ajuda os desafortunados, mas nunca — ou quase nunca — por piedade, e sim por um impulso gerado pela superabundância de poder.

O homem nobre honra nele o poderoso, aquele que tem poder sobre si mesmo, aquele que sabe a hora de falar e a hora de ficar em silêncio, que tem prazer em submeter-se à sinceridade e à dureza e reverencia tudo o que é severo e duro. "Wotan colocou um coração duro em meu peito", reza o dito de uma antiga saga escandinava: assim está expressa corretamente na alma de um orgulhoso viking. Tal tipo de homem sente orgulho por não ter sido feito para a compaixão; e assim, o herói da saga acrescenta a advertência: "Aquele que não tem o coração duro na juventude jamais o terá". Os nobres e bravos que pensam dessa forma são os que estão muito distantes da moral que vê na compaixão, na ação em prol do bem alheio ou no *DÉSINTÉRESSEMENT*[2] a característica da moral; a fé em si mesmo, o orgulho de si mesmo, uma animosidade radical e a ironia acerca do "altruísmo" pertencem tão definitivamente à moral nobre quanto o desprezo descuidado e a precaução diante da compaixão e do "coração quente". — Poderoso é aquele que *SABE* como honrar, essa é a sua arte, seu domínio de invenção. A reverência profunda pela idade e pela tradição — todo o direito repousa sobre essa dupla reverência —, a fé e o preconceito em benefício dos ancestrais e desfavorável para os que estão por chegar é típica da moral dos poderosos; e se, inversamente, os homens de "ideias modernas" creem quase instintivamente no "progresso" e no "futuro", e cada vez

---

[2] Em francês: "desinteresse, desprendimento".

mais lhes falta o respeito pela idade", desse modo já foi revelada a origem ignóbil dessas "ideias". Entretanto, uma moral dominante é mais estranha e embaraçosa para o gosto atual pelo rigor de seu princípio segundo o qual só existem obrigações para com aqueles que nos são iguais; e que em relação aos seres de categoria inferior e em relação a todos os que nos são estranhos podemos agir "como quiser o coração" se assim nos parecer bom, e em todo caso "além do bem e do mal": é aqui que a compaixão e seus afins têm seu lugar. A capacidade e o dever de gratidão e de vingança a longo prazo — ambas no círculo dos iguais —, sutileza na retaliação, REQUINTE conceitual de amizade, certa necessidade de ter inimigos (como válvulas de escape para os afetos de inveja, rixa, arrogância — para poder ser um bom *AMIGO*): todas essas são características típicas da moral nobre que, como o indicado, não é a moral das ideias modernas e hoje, portanto, fica difícil percebê-la, difícil desencavá-la e descobri-la, — Com o segundo tipo de moral, a *MORAL DOS ESCRAVOS*, é diferente. Supondo que os abusados, oprimidos, sofredores, os dependentes, os esgotados e os inseguros venham a se moralizar, qual será o elemento comum de suas valorações morais? Provavelmente uma suspeita pessimista a respeito da situação total do homem encontrará uma expressão, talvez uma condenação do homem e da situação. O escravo tem um olhar desfavorável para as virtudes dos poderosos; tem ceticismo e desconfiança, uma desconfiança *REQUINTADA* a respeito de tudo o que é "bom" e que é honrado por ele — e de bom grado gostaria de convencer-se de que a sua felicidade não é genuína. Por outro lado AQUELAS qualidades que servem para aliviar a existência dos que sofrem são postas em destaque e inundadas de luz; é aqui que a compaixão, a bondade, a ajuda, o coração quente, a paciência, a diligência, a humildade e a amabilidade recebem as honras —, porque aqui essas são as qualidades mais úteis e quase os únicos meios de suportar o fardo da existência. A moral dos escravos é em essência a moral da utilidade. Aqui é o lugar de origem da famosa antítese do "bem" e do "mal": — poder e perigo são tidos como pertencentes ao mal, certo terror, sutileza e força que não admitem o desprezo. Segundo a moral dos escravos, portanto, o homem "mau" inspira medo; e segundo a moral dos senhores, é precisamente o homem "bom" que desperta e busca despertar medo, enquanto o homem "mau" é visto como um ser desprezível. O contraste chega ao máximo quando, de acordo com as consequências lógicas da moral dos escravos, uma sombra de desdém — que pode ser leve e bem intencionada — liga-se por fim ao homem "bom" dessa moral — porque, segundo o modo de pensar servil, o homem bom deve em qualquer circunstância ser o homem *INOFENSIVO*: ele tem boa índole, é fácil de ser enganado, talvez um pouco estúpido, um *bonhomme*.[3] Onde quer que a moral dos escravos ganhe ascendência, a linguagem

[3] Em francês: "homem afável, de bom coração".

mostra a tendência de aproximar as palavras "bom" e "estúpido". — Uma última diferença fundamental: a ânsia de *LIBERDADE*, o instinto para a felicidade e o refinamento do sentimento de liberdade pertencem tão necessariamente à moral e à moralidade dos escravos quanto o artifício e entusiasmo em reverência e devoção são sintomas regulares de um modo aristocrático de pensamento e valoração. — Por esse motivo, podemos entender sem mais detalhes, porque o amor COMO PAIXÃO — nossa especialidade europeia — deve ter uma origem essencialmente nobre por ter sido inventado, como bem se sabe, pelos cavalheiros poetas provençais, aqueles homens brilhantes e inventivos do "*gai saber*"[4] a quem a Europa deve tanto, se não deve a si mesma.

261 — Entender a vaidade é talvez uma das coisas mais difíceis para um homem nobre: ele será tentado a negá-la, onde outra espécie de homem pensa vê-la evidente por si mesma. Para ele, o problema é imaginar pessoas que buscam criar uma boa opinião a respeito de si quando na verdade não a possuem — e consequentemente também não a "merecem" —, mas que ainda assim continuam a *ACREDITAR* nessa boa opinião. Por um lado isso lhe parece de mau

---

[4] Termo derivado de uma expressão provençal, "gaia ciência" corresponde à habilidade técnica e ao espírito livre requerido para a escrita da poesia e é o titulo (*Die fröhliche Wissenschaft*) do último trabalho da fase positiva de Nietzsche, aparentando-se à *Aurora* e à *Humano, Demasiado Humano* pelo estilo leve, ameno e florido em que é composto.

gosto e falta de respeito para consigo mesmo, e por outro é tão grotescamente irracional que gostaria de considerar a vaidade como exceção, e na maioria das vezes em que se fala nela, ele duvida. E vai dizer, por exemplo: "Posso estar enganado sobre o meu valor, e por outro lado, no entanto, posso exigir que o meu valor seja reconhecido por outros justamente como eu o classificaria — isso, entretanto, não é vaidade (mas sim pretensão, ou, na maioria das vezes, aquilo que se chama de 'humildade', e também de 'modéstia')". Ou então dirá: "Por muitas razões posso me deliciar pela boa opinião dos outros, talvez porque eu os ame ou os honre e regozijo-me com as suas alegrias, talvez também porque sua boa opinião endosse e reforce minha crença em minha boa opinião, talvez porque a boa opinião dos outros, mesmo quando dela não compartilho, é útil para mim ou me oferece essa possibilidade: — isso, entretanto, não é vaidade". O homem de caráter nobre deve, em primeiro lugar e com algum esforço, abrigar em seu interior, e com a ajuda da história, que desde tempos imemoriais, em todas as camadas da sociedade e de algum modo dependentes, o homem comum *ERA* apenas aquilo pelo qual *ERA TIDO*: — por não estar de todo acostumado a estabelecer valores, não atribuía a si próprio qualquer valor diferente do que o seu senhor já não lhe tivesse atribuído (criar valores é um direito exclusivo dos *SENHORES*). Pode ser visto como o resultado de um atavismo extraordinário que o homem comum, mesmo atualmente, continua

*A ESPERAR* por uma opinião acerca de si e então, instintivamente, submeter-se-á a ela mesmo que não seja totalmente "boa", mas também se for má e injusta (pense, por exemplo, na maioria das autoapreciações e autodepreciações que as mulheres devotas aprendem dos confessores e o cristão devoto em geral aprende de sua igreja). De fato, em conformidade com o lento crescimento da ordem democrática social (e sua causa, a mistura do sangue entre senhores e escravos), o impulso originalmente nobre e raro dos senhores de atribuir um valor e a "pensar bem de si", é agora cada vez mais incentivado e difundido: mas tem sempre contra si uma propensão mais antiga, mais ampla e mais profundamente arraigada — e em relação ao fenômeno da "vaidade" essa propensão mais antiga supera a mais nova. O vaidoso exulta sobre *TODA* boa opinião que ouve a seu respeito (independentemente do ponto de vista de sua utilidade, e igualmente indiferente à sua verdade ou falsidade), assim como sofre com toda opinião ruim: por se sujeitar a ambas, se sente submetido a ambas devido a esse antigo sentido de sujeição que NELE aflora. — É "o escravo" no sangue do vaidoso, o resquício da astúcia do escravo — e quanto do "escravo" ainda existe na mulher, por exemplo! — que busca obter por meio da *SEDUÇÃO* boas opiniões a seu respeito; é também o escravo que imediatamente após cai prostrado diante dessas opiniões, como se não as tivesse provocado. — E para repetir uma vez mais: a vaidade é um atavismo.

262 — Uma *ESPÉCIE* nasce, um tipo se evidencia e se fortalece depois de uma longa luta contra condições essencialmente *DESFAVORÁVEIS* e constantes. Por outro lado, sabe-se, pela experiência de criadores, que as espécies que recebem uma alimentação superabundante e em geral um excesso de proteção e cuidados tendem imediatamente, e de maneira marcante, a desenvolver variações, e são férteis em prodígios e monstruosidades (e também em vícios monstruosos). Consideremos uma comunidade aristocrática, digamos, como uma *pólis* da Grécia antiga, ou Veneza, como uma instituição voluntária ou involuntária para o propósito de *criação*; nela há homens coexistindo e dependendo de seus próprios recursos, que querem fazer com que sua espécie se imponha, principalmente porque eles *TÊM* de se impor, ou então correr o terrível perigo do extermínio. Os cuidados, a superabundância e a proteção que favorecem as variações estão em falta; a espécie necessita de si mesma como espécie, como algo que, principalmente por sua resistência, sua uniformidade e simplicidade estrutural, possa se impor e se tornar permanente, em constante conflito com seus vizinhos ou com a rebeldia dos oprimidos que ameaçam revoltar-se. A mais multifacetada experiência ensina qual característica lhe é essencialmente atribuída e até agora se saiu vitoriosa apesar de todos os deuses e homens: tais qualidades as chamam de virtudes, e tais virtudes só se desenvolvem na maturidade. Elas o fazem com severidade e de fato desejam tal severidade;

toda moral aristocrática é intolerante; na educação do jovem, na disposição da nobre mulher, nos costumes dos casamentos, nas relações entre velhos e jovens, nas leis penais (que consideram apenas os transviados): considera a própria intolerância uma virtude, sob o nome de "justiça". Um tipo com poucos recursos, porém todos eles muito marcantes, uma espécie severa de homens, belicosa, sabiamente silenciosa, reservada e reticente (e como tal com a mais delicada das sensibilidades para com os encantos e nuances da sociedade) e assim estabelecida, não afetada com as vicissitudes de gerações; a luta constante em condições *DESFAVORÁVEIS*, como já assinalamos, é a causa para um tipo tornar-se firme e resistente. Finalmente, entretanto, surge um estado de coisas propício, diminui a enorme tensão; talvez não haja mais inimigos entre os povos vizinhos e os meios para viver, até mesmo os do prazer de viver, estão presentes em superabundância. De um só golpe se rompe o vínculo e a restrição da antiga disciplina: ela não é mais considerada necessária como condição para a existência — se continuar, ela só poderá existir como uma forma de *LUXO*, como um *SABOR* arcaizante. Suas variações, sejam elas desvios (dos mais elevados, finos e raros), sejam deteriorações e monstruosidades, surgem de repente na cena com maior exuberância e esplendor; o indivíduo se atreve a ser individuo e a se destacar. Nesse ponto de virada da história aparece, ao lado do outro, e frequentemente, misturados e emaranhados um no outro, uma magnífica, múltipla floresta virgem esplêndida, uma espécie de ritmo tropical na competição do crescimento para cima a se estender para o alto, uma espécie de *TEMPO TROPICAL* com uma decadência e autodestruição extraordinárias, devido à oposição selvagem e aparentemente explosiva dos egoísmos que lutam, uns contra os outros, "pelo sol e pela luz", e não podem mais estabelecer para si qualquer limite, restrição ou refúgio a partir da moral vigente até então. Foi essa própria moral que acumulou a força imensa que fez vergar o arco de forma tão ameaçadora: — agora está "ultrapassada". Um ponto perigoso e inquietante é atingido quando a vida maior, mais multiforme e mais abrangente *VIVE ALÉM* da velha moral; o "indivíduo" se destaca e se vê obrigado a recorrer a uma legislação própria, artes e artifícios próprios para a autopreservação, autoelevação e autolibertação. Nada senão novos "porquês", novos "com", nenhuma fórmula em comum, incompreensão e desprezo em associação uns com os outros, decadência, deterioração e os mais elevados desejos terrivelmente entrelaçados, o gênio da raça transbordando de toda cornucópia boa e ruim, uma simultaneidade fatal de primavera e outono, cheia de encantos novos e véus, próprios da corrupção recente, ainda inesgotável e incansável. O perigo está outra vez presente, a mãe da moral, o grande perigo; dessa vez se deslocou para o indivíduo, para o vizinho e o amigo, para a rua, para o seu próprio filho, para o seu próprio coração, para o recesso mais secreto e pessoal de desejo e vontade. O que terão para pregar os filósofos da moral que surgem nessa hora? Esses observadores perspicazes e ociosos descobrem que o fim se aproxima rapidamente, que tudo à sua volta está corrompido e corrompe e que nada vai resistir até amanhã, exceto uma espécie de homem, o *MEDÍOCRE* incurável. Somente os medíocres sozinhos têm a chance de continuar e de se multiplicar — eles são os homens do futuro, os únicos sobreviventes; "sejam como eles! tornem-se medíocres!" é agora a única moral que ainda tem significado e à qual ainda se pode dar ouvidos. — Mas é difícil pregar essa moral da mediocridade! Ela nunca pode admitir o que é e o que deseja! Tem de falar de moderação, dignidade, dever e amor fraternal — terá dificuldade para *ESCONDER SUA IRONIA*!

263 — Há um *INSTINTO PARA A CATEGORIA* que já é, mais do que tudo, sinal de uma categoria *ELEVADA*; há um *PRAZER* nas *NUANCES* de reverência que pode indicar nobre e hábitos. O refinamento, a bondade e a elevação da alma são postos à prova perigosamente, quando lhes surge algo que é da mais alta categoria, mas ainda não está resguardado de agressões inoportunas e grosserias pelo temor da autoridade, algo não descoberto, tentador, talvez voluntariamente velado: algo que segue o seu caminho revestido como uma pedra de toque viva. Aquele cuja tarefa e prática é investigar almas vai se beneficiar das diversidades dessa arte para determinar o valor supremo, a hierarquia inalterável e inata da categoria a que pertence: para isso usará seu *INSTINTO* de *REVERÊNCIA*. *DIFFÉRENCE ENGENDRE HAINE*:[5]

[5] Em francês: "diferença causa ódio".

a vulgaridade de muitas naturezas jorra subitamente como água suja, quando lhe é submetido qualquer vaso sagrado, qualquer joia guardada em relicário ou qualquer livro que carrega marcas de um grande destino; enquanto, por outro lado, há um involuntário silêncio, uma hesitação no olhar, uma cessação de todos os gestos, que indicam que uma alma *SENTE a* proximidade daquilo que é digno de reverência. De modo geral, a maneira pela qual a reverência pela *BÍBLIA* até hoje se manteve na Europa talvez seja o melhor exemplo de disciplina e refinamento de costumes que a Europa deve ao Cristianismo: livros com tal profundidade e significado supremo exigem uma tirania de autoridade externa para a sua proteção, para garantir-lhes a *duração* de milhares de anos necessários para que sejam explorados e decifrados. Muito foi alcançado quando foi por fim instilado nas massas (os superficiais e os de intestinos apressados de todos os tipos) o sentimento de que não lhes é permitido tocar em tudo, que há experiências sagradas diante das quais eles devem tirar os sapatos e manter afastadas as mãos impuras — é talvez o estado mais avançado que a humanidade alcança. Por outro lado, nos chamados homens cultos que acreditam nas "ideias modernas", talvez nada seja tão repulsivo quanto sua falta de vergonha, a insolência fácil de seu olhar e de sua mão que a tudo toca, lambe e apalpa, e mesmo assim é possível que uma nobreza mais *RELATIVA* de gosto e mais tato para a reverência se encontre entre o povo, entre as pessoas de classes mais baixas, principalmente entre os camponeses do que entre os do submundo do espírito, os homens nobres que leem os jornais.

264 — Não é possível apagar da alma do homem aquilo que seus ancestrais fizeram com mais constância e prazer: quer fossem eles talvez poupadores zelosos pregados a uma escrivaninha e a uma caixa registradora, modestos cidadãos em seus desejos, modestos também em suas virtudes; e mesmo acostumados a comandar da manhã à noite, fossem amantes de prazeres rudes e, provavelmente, de deveres e responsabilidades ainda mais rudes; ou se, finalmente, alguma vez sacrificaram velhos privilégios de nascença ou de posse, para viver inteiramente à sua fé — a seu "deus" —, como homens de consciência inexorável e sensível, que coram diante de cada compromisso. É quase impossível para um homem *NÃO* ter as qualidades e predileções de seus pais e ancestrais em sua constituição, ainda que as aparências indiquem o contrário. Esse é o problema da raça. Desde que se saiba alguma coisa dos pais, é possível tirar uma conclusão sobre o filho: qualquer tipo de descontrole ofensivo, qualquer tipo de inveja sórdida ou de alarde grosseiro, as três coisas que juntas constituíram sempre o plebeu típico — passam para o filho, assim como o sangue corrompido; quanto à sua hereditariedade, mesmo com a ajuda da melhor "educação" e "cultura", ele só conseguirá *ENGANAR*. — E o que mais a educação e a cultura desejam hoje em dia? Em nossa época muito democrática, ou melhor,

muito plebeia, a "educação" e a "cultura" *TEM* de ser essencialmente a arte de enganar — enganar quanto à origem, quanto à herança plebeia no corpo e na alma. Um educador que hoje em dia ensine a verdade acima de qualquer outra coisa e diga constantemente para seus alunos: "Sejam verdadeiros! Sejam naturais! Mostrem-se como são!" — mesmo tal asno virtuoso e sincero aprenderia em pouco tempo a recorrer à *FURCA*[6] de Horácio para *NATURAM EXPELLERE:*[7] e com que resultados? A "plebe" *USQUE RECURRET.*[8]

265 — Mesmo correndo o risco de desagradar ouvidos inocentes, eu afirmo que o egoísmo é da essência da alma nobre, ou seja, daquela crença inalterável de que, diante de um ser "como nós", outros seres devem naturalmente a ele se sujeitar e se sacrificar. A alma nobre aceita seu próprio egoísmo sem questionamento, e também sem consciência de restrição, aspereza ou arbitrariedade nisso, mas sim como algo que deve estar fundamentado na primeira lei de todas as coisas: — se buscasse uma definição para isso, ela diria: "é a própria justiça". Mesmo quando certas circunstâncias incialmente a fazem hesitar, ela reconhece que há outros com os mesmos direitos; e assim que tenha resolvido a questão da hierarquia, ela se move entre os iguais, os igualmente privilegiados, com a mesma autoconfiança

---

[6] Em latim: "forcado, tridente usado para revolver o feno".
[7] Em latim: "expulsar a natureza".
[8] Em latim: "volta imediatamente".

com que preza a modéstia e o respeito delicado que tem para consigo mesma — segundo um mecanismo celestial inato que as estrelas compreendem. É uma instância *ADICIONAL* de seu egoísmo, esse requinte e autolimitação no relacionamento com seus iguais — cada estrela é uma egoísta semelhante; ela honra *A SI MESMA* através deles, e nos direitos que lhes concede não duvida que a troca de honra e direitos, assim como a *ESSÊNCIA* de toda interação, pertence também à condição natural das coisas. A alma nobre dá ao mesmo tempo que toma, instigada pelo instinto passional e sensível de retribuição que está na raiz de sua natureza. O conceito de "graça" *INTER PARES* não tem significado nem fragrância; pode ser que haja uma maneira sublime de deixar que presentes vindos de cima caiam sobre si, e que ela possa sorvê-los sedenta, como se fossem gotas de orvalho; mas a alma nobre não tem aptidão para essas artes e atitudes. Aqui seu egoísmo a impede: de um modo geral quando olha "para cima" seu olhar é relutante — parece olhar *PARA FRENTE* horizontal e deliberadamente, ou para baixo — *ELA SABE QUE JÁ ESTÁ NAS ALTURAS*.

266 — "Só se pode respeitar de verdade àquele que não *BUSCA* a si próprio." — disse Goethe ao conselheiro Schlosser.

267 — Os chineses têm um provérbio que as mães ensinam aos seus filhos: "*SIAO-SIN*" FAZ *PEQUENO* O TEU CORAÇÃO!" Essa é tendência fundamental

das últimas civilizações. Não tenho dúvida de que a primeira coisa que um grego antigo repararia em nós, europeus de hoje, seria a nossa pequenez —, o bastante para que nos considerasse "repugnantes".

268 — O que, afinal, é o comum? — As palavras são sinais sonoros para conceitos; entretanto, conceitos são símbolos mais ou menos definidos para sensações recorrentes e convergentes, para grupos de sensações. Não é suficiente usar as mesmas palavras para que nos façamos entender uns aos outros: devemos afinal ter experiências *EM COMUM*. Por isso os indivíduos de um país se entendem uns aos outros melhor do que aqueles que pertencem a países diferentes, mesmo quando usam a mesma língua; ou melhor, quando as pessoas vivem juntas bastante tempo em condições semelhantes (de clima, solo, perigos, exigências, trabalho) *SURGE* daí algo que "entende-se a si próprio" — ou seja, um povo. Em todas as almas, um mesmo número de experiências recorrentes frequentemente ganhou primazia sobre aquelas de ocorrência mais rara: sobre essas questões as pessoas se entendem cada vez mais rapidamente umas às outras — a história da linguagem é a história de um processo da abreviação; baseadas nesse entendimento rápido as pessoas se unem cada vez mais estreitamente. Quanto maior o perigo, maior a necessidade em concordar rápida e prontamente sobre o que se deve fazer; e não a se desentender em face do perigo — eis o que não pode de modo algum ser dispensado entre pessoas que convivem.

Tanto os relacionamentos amorosos quanto os de amizades tendem a se acabar tão logo se percebe que, mesmo usando as mesmas palavras, uma das duas pessoas sente, pensa, pressente, deseja ou teme de um jeito diferente do da outra pessoa (o temor ao "eterno mal-entendido": é o gênio bom que com frequência impede duas pessoas de sexos diferentes de manter um relacionamento precipitado para o qual lhes induz os sentidos e o coração — não é um "gênio da espécie" daquele que fala Schopenhauer!). Quaisquer que sejam os grupos de sensações dentro da alma que despertem mais depressa, tomem a palavra e comecem a dar ordens — são eles que decidem a ordem hierárquica dos valores e determinam em última instância a tábua de bens. As valorações que o homem faz revelam algo da *ESTRUTURA* de sua alma, e como ela percebe suas condições de vida, sua necessidade intrínseca. Supondo agora que a necessidade tenha sempre reunido apenas homens que podiam, através de sinais semelhantes, expressar exigências e experiências semelhantes, em geral, entre todas as forças que até então se exerceram sobre a humanidade, a mais poderosa deve ter sido a fácil COMUNICABILIDADE da necessidade que é, em última análise, o experimento de situações medianas e *COMUNS*. Os homens mais semelhantes e mais comuns sempre estiveram e continuam a estar em vantagem; os mais sutis, mais raros, de mais difícil compreensão são propensos a permanecerem sozinhos; sucumbem às contingências de seu isolamento, e raramente se multiplicam. É preciso que se invoquem forças opostas poderosas a fim de frustrar esse *PROGRESSUS IN SIMILE*[9] excessivamente natural à evolução do homem rumo ao semelhante, ao mediano, ao gregário — ao *COMUM*!

269 — Quanto mais um psicólogo — um psicólogo nato e necessário divinizador de almas — voltar sua atenção para os casos mais seletos e individuais, maior é o perigo de ser sufocado pela compaixão: ele, mais do que qualquer outro homem, *NECESSITA* de dureza e alegria. Porque a regra é a corrupção, a ruína dos homens elevados, das almas de constituição mais estranha: é terrível ter tal regra sempre diante dos olhos. O tormento múltiplo do psicólogo que descobriu essa ruína, que a descobriu uma vez e passou a descobrir *QUASE* sem cessar durante toda a história, essa "desesperança" interna do homem elevado, esse eterno "tarde demais!" em todos os sentidos — talvez possa um dia ser a causa de ele se voltar com amargura contra a sua própria sorte, e de sua tentativa de autodestruição, de "corromper" a si próprio. Percebe-se em todos os psicólogos um indício que os inclina a relações prazerosas com homens comuns e regrados; esse fato revela que ele sempre requer uma cura, que necessita de uma espécie de fuga e esquecimento, para longe de tudo o que tem na consciência, sua percepção e sua introspecção,

---

[9] Em latim: "progresso no semelhante."

para longe daquilo que é o seu "ofício". O medo de sua própria memória lhe é peculiar. Ele se cala facilmente ante o julgamento dos outros: ouve com um semblante impassível como honram, admiram, amam e transfiguram, ali, onde ele *VIU* — ou mesmo oculta seu silêncio ao concordar expressamente com alguma opinião plausível. Talvez o paradoxo de sua situação se torne tão terrível que precisamente onde aprendeu a GRANDE COMPAIXÃO junto com o grande DESPREZO, a maioria, os homens cultos e intusiastas, aprendeu por seu turno a grande veneração — veneração aos "grandes homens" e aos animais maravilhosos, graças aos quais se abençoa e se honra a pátria, a Terra, a dignidade dos homens e a si próprios, e que se indicam aos jovens porque lhes serve de modelo. E quem sabe se até agora não tem ocorrido o mesmo nas grandes ocasiões: que os muitos que adoraram um deus adoraram um "deus" que não era senão um pobre animal de sacrifício! O SUCESSO foi sempre o maior dos mentirosos — e a própria "obra" é em si mesma um sucesso; o grande estadista, o conquistador, o descobridor está disfarçado em suas criações até ficar irreconhecível; a "obra" do artista, do filósofo, apenas inventa aquele que a criou, ou é TIDO como quem a teria criado; os "grandes homens", como são reverenciados, são pequenas e pobres ficções compostas posteriormente; no mundo dos valores históricos *PREVALECE* a cunhagem espúria de moedas falsas. Esses grandes poetas, por exemplo, Byron, Musset, Poe, Leopardi,

Kleist, Gogol (não ouso citar nomes mais importantes, mas os tenho na cabeça), como são agora, e talvez tenham sido obrigados a ser: homens do momento, entusiasmados, sensuais, pueris, levianos e impulsivos em sua confiança e desconfiança; com almas nas quais alguma falha deve estar escondida; quase sempre se vingando de um aviltamento interno por meio de suas obras, e quase sempre buscando o esquecimento com seus voos de uma memória verdadeiramente fiel, quase sempre perdidos na lama e quase apaixonados por ela até se tornarem como os fogos — fátuos ao redor dos pântanos *FINGINDO SER* estrelas — o povo então os chama de idealistas —, quase sempre lutando com um nojo prolongado contra o fantasma da descrença que sempre reaparece e que os torna frios e os faz adoecer pela *GLÓRIA* e devorar a "fé como ela é" da mão de aduladores embriagados: — que *TORMENTO* são esses grandes artistas e os chamados homens superiores em geral! É, portanto, concebível que *ELES* tenham aprendido essas eclosões de ilimitada e devotada compaixão, logo com a mulher que é clarividente no mundo de sofrimento e também ansiosa em ajudar e salvar muito além de seus poderes, infelizmente, e que a maioria das pessoas, principalmente aquela maioria reverente, não entende e enche de interpretações curiosas e autogratificantes. Quase sempre essa compaixão não conhece o seu poder; a mulher gostaria de acreditar que para o amor *tudo* é possível — isso é uma *SUPERSTIÇÃO* que lhe é própria. Oh, aquele que conhece bem o coração descobre quão pobre, indefeso, pretencioso e precipitado é o amor mais profundo — descobre que ele mais DESTRÓI do que salva! — É possível que sob a fábula sagrada e caricata da vida de Jesus exista um dos casos mais dolorosos de martírio do *CONHECIMENTO SOBRE O AMOR*: o martírio do coração mais inocente e desejoso que jamais teve amor humano suficiente, que *EXIGIA* amor, que exigia de forma inexorável e frenética ser amado e nada mais, com terríveis explosões contra aqueles que lhe negaram amor; a história de uma pobre alma insaciada e insaciável no amor, que teve de inventar o inferno para poder mandar para lá aqueles que *SE RECUSARAM* a amá-la — e que por fim, conhecendo o amor humano, teve de inventar um deus que é inteiramente amor, que é inteiramente a *CAPACIDADE* de amar — que tem compaixão do amor humano, porque ele é muito insignificante, muito ignorante! Aquele que tem tais sentimentos, aquele que tem tal *CONHECIMENTO* sobre o amor — *BUSCA* a morte! — Mas por que se deve lidar com questões assim tão dolorosas? Desde que, é claro, não seja OBRIGATÓRIO fazê-lo.

270 — A arrogância espiritual e a repugnância de todo homem que sofreu profundamente — é quase determinante no grau do sofrimento *que* o homem pode suportar — a certeza arrepiante com a qual ele é inteiramente imbuído e colorido, e que em virtude de seu sofrimento *SABE MAIS* do que os mais inteligentes e sábios poderão jamais saber, que sabe tão bem

por ter estado "em casa" em mundos muito distantes e aterradores dos quais "*VOCÊS* nada sabem!" — essa arrogância espiritual silenciosa do sofredor, esse orgulho do eleito do conhecimento, do "iniciado", do quase sacrificado, encontra todas as formas necessárias de disfarce para se proteger do contato de mãos intrometidas e compassivas, e em geral daquele que não lhe é igual no sofrimento. O sofrimento profundo enobrece: separa. — Uma das formas mais refinadas de disfarce é o epicurismo junto com certa ousadia ostensiva de gosto, que dá um peso leve ao sofrimento, e se coloca na defensiva contra tudo o que é triste e profundo. Há "homens alegres" que fazem uso de sua alegria porque, por conta dela, são mal entendidos — eles *DESEJAM* ser mal entendidos. Há "espíritos científicos" que fazem uso da ciência porque ela lhes confere uma aparência alegre, e porque a cientificidade leva a concluir que o homem é superficial: eles DESEJAM que se chegue a conclusões falsas. Há espíritos livres e insolentes que se esconderiam de bom grado e que negariam serem considerados corações quebrados, orgulhosos e incuráveis; e às vezes a loucura é a máscara para um conhecimento infeliz EXCESSIVAMENTE SEGURO. — Do que se segue que ele é a parte de uma humanidade mais refinada a reverenciar "a máscara" e a não fazer uso da psicologia e da curiosidade no lugar errado.

271 — O que separa dois homens de maneira mais profunda é um sentido e um grau diferente de asseio. O que importa toda a honestidade e utilidade recíproca, o que importa toda a sua boa vontade mútua: ainda persiste o fato — eles "não conseguem aguentar

o cheiro um do outro!" O mais alto instinto de asseio coloca quem por ele é afetado no mais extraordinário e perigoso isolamento, como um santo: pois isso é justamente santidade — a espiritualização máxima do instinto em questão. Qualquer tipo de noção de um excesso indescritível na alegria do banho, qualquer ardor ou avidez que impele perpetuamente a alma a sair da noite para a manhã, e da tristeza e da "aflição" para a nitidez, a luz, a profundidade e o refinamento: — tanto quanto tal tendência *DISTINGUE* — é uma tendência nobre — ela também *SEPARA*. — A compaixão do santo é compaixão pela *SUJEIRA* do humano, do demasiadamente humano. E há gradações e alturas nas quais a compaixão é considerada por ele como impureza, como sujeira...

272 — Sinais de nobreza: jamais pensar em rebaixar nossos deveres para o grau dos deveres dos demais; não ceder ou repartir as próprias responsabilidades; considerar as próprias prerrogativas, e o exercício delas, como nossos próprios *DEVERES*.

273 — Um homem que se esforça para obter grandes coisas olha para todo aquele que encontra em seu caminho como um meio de progresso, ou de atraso e impedimento — ou então como um descanso temporário. A elevada *GENEROSIDADE* ao seu semelhante, que lhe é peculiar, só é possível quando ele atinge sua elevação e domina. A impaciência e a consciência de estar sempre condenado à comédia — porque até mesmo o conflito é uma comédia, e esconde o fim — estragam todos os relacionamentos;

esse tipo de homem está familiarizado à solidão e ao que há de mais venenoso nela.

274 — *O PROBLEMA DOS QUE ESPERAM.* — São necessários os acasos felizes, e muita coisa incalculável para que um homem superior, no qual a solução de um problema está adormecida, possa agir, ou "eclodir", como se diz —, no momento certo. Em geral, *NÃO* é isso o que acontece e em todos os cantos da Terra existem aqueles que esperam e nem sabem pelo que esperam e, menos ainda, que esperam em vão. Às vezes o chamado que desperta chega tarde demais — o acaso que dá "permissão" para agir — quando sua melhor juventude e sua força para agir foram gastas em permanecer à espera; e quantos são aqueles que ao "se colocarem de pé" descobrem horrorizados que seus membros estão dormentes e seus espíritos estão agora pesados! "É tarde demais", disseram para si mesmos — e se tornaram descrentes de si próprios e inúteis para sempre. — No domínio do gênio, um "Rafael sem mãos" — tomando essa expressão no seu sentido mais amplo — não seria talvez uma exceção, mas sim a regra? — Talvez o gênio não seja assim tão raro: mas, as quinhentas mãos necessárias para tiranizar o καιρός, a "hora certa" para poder agarrar a sorte pelos cabelos.

275 — Aquele que não *DESEJA* ver a elevação de um homem olha com mais atenção para o que está embaixo em primeiro plano — e assim se revela.

276 — Em todos os casos de injúria e perda, a alma mais baixa e grosseira está em melhores condições do que a alma nobre: os perigos desta última

devem ser maiores; a probabilidade de que venha a sofrer desventura e morrer é de fato imensa, considerando a multiplicidade das condições de sua existência. — Num lagarto, um dedo perdido cresce outra vez; mas não no homem.

277 — É ruim demais! Sempre a velha história! Quando um homem termina de construir sua casa, descobre que aprendeu, sem querer, algo que TINHA obrigação de ter conhecido antes de *começar* a construir. É o eterno e fatal "tarde demais!" A melancolia de tudo que está *TERMINADO*!...

278 — Andarilho, quem és tu? Vejo que caminhas por tua estrada sem desprezo, sem amor, com olhos impenetráveis, molhados e tristes como uma sonda que cada vez retorna insaciada das profundezas para a luz — e o que procuravas lá embaixo? — com um peito que jamais suspira, com lábios que escondem sua repugnância, com uma mão que apenas captura lentamente: quem és tu? O que fizeste? Descansa aqui: esse lugar é hospitaleiro com todos — recupera-te! E quem quer que sejas tu, o que agrada a ti agora? O que é que pode servir para recuperar-te? Apenas diz, o que quer que eu tenha te ofereço! "Para recuperar-me? Para recuperar-me? Ó curioso, o que disseste! Porém, dá-me, suplico a ti" — O quê? O quê? Fala! "Outra máscara! Uma segunda máscara!"...

279 — Homens de uma tristeza profunda se traem quando estão felizes: eles têm uma maneira de agarrar a felicidade como se quisessem esmagá-la

e estrangulá-la por ciúme — ah, eles sabem muito bem que ela lhes vai escapar!

280 — "Ruim! Ruim! Como? Ele não está de volta?" Sim! Mas vocês o entendem mal ao reclamar disso. Ele vai voltar como quem está pronto a dar um grande salto.

281 — "As pessoas acreditarão em mim? Mas eu insisto em que me acreditem: Sempre pensei muito mal de mim e sobre mim; só em casos muito raros, sempre obrigatoriamente, sempre sem prazer 'no assunto', disposto a desviar-me de 'mim mesmo', e sempre sem fé no resultado, devido a uma desconfiança insuperável da *POSSIBILIDADE* do autoconhecimento, que me levou a sentir um *CONTRADICTIO IN ADJECTO*[10] mesmo na noção do 'conhecimento imediato' à qual se permitem os teóricos: — isso, na verdade, é quase a coisa mais segura que sei sobre mim mesmo. Deve haver algum tipo de aversão em mim para *crer* em algo específico sobre mim. — Será que há nisso algum enigma? É provável que sim; mas felizmente nenhum para *meus* dentes. — Talvez traia a espécie à qual pertenço? Mas não para mim, o que me é bastante agradável."

282 — "Mas o que foi que te aconteceu? — "Eu não sei", disse ele hesitante; "talvez as harpias tenham voado sobre a minha mesa". — Por vezes hoje em dia acontece de um homem gentil, decente e reservado tornar-se de súbito furioso, quebrando os pratos,

---

[10] Em latim: "uma contradição em termos".

virando a mesa, gritando, esbravejando e insultando a todos — e acabe por afastar-se envergonhado com raiva de si mesmo — para onde? Para quê? Para sozinho definhar de fome? Para sufocar na sua memória? Aquele que deseja uma alma elevada e seletiva e raramente encontra sua mesa posta e sua comida preparada correrá sempre grande perigo — mas atualmente esse perigo é extraordinário. Lançado no meio de uma época turbulenta e plebeia com a qual não deseja comer do mesmo prato, ele pode vir a morrer de fome ou de sede — ou pode finalmente "ser tomado" por uma náusea súbita. — Possivelmente todos nós já nos sentamos a mesas às quais não pertencíamos; e precisamente aqueles entre nós que são mais espirituais são também os mais difíceis de serem alimentados, sabem dos perigos da *DISPEPSIA* que surge de uma súbita percepção e desilusão da comida e dos nossos companheiros de mesa — é *A NÁUSEA DA SOBREMESA*.

283 — Se alguém deseja elogiar tudo, é um sutil e também nobre autocontrole elogiar apenas quando *NÃO* se está em concordância — de fato, de outro modo seria como se estivesse elogiando a si mesmo, o que não é de bom tom: — com certeza o autocontrole oferece uma grande e constante oportunidade de provocação ao *MAL-ENTENDIMENTO*. Para ser capaz de se permitir esse verdadeiro luxo de bom gosto e moral, não se deve viver entre os imbecis de espírito, mas sim entre homens nos quais os mal-entendidos e enganos divertem por seu refinamento — ou se terá

de pagar caro por isso! — "Ele me elogia, *PORTANTO* ele me dá razão" — esse método asinino de inferência nos estraga metade da vida, a nós, os eremitas, porque chama os asnos à nossa vizinhança e amizade.

284 — Viver numa imensa e orgulhosa tranquilidade; sempre além. Ter, ou não ter os próprios afetos, os prós e contras, de acordo com nossa escolha; rebaixar-se ante eles durante horas; *MONTÁ-LOS* como se monta em cavalos, e muitas vezes em asnos: — pois devemos saber como utilizar a estupidez deles assim como o seu fogo. Para conservar suas trezentas caras; e também seus óculos escuros: pois há ocasiões em que ninguém deve olhar em nossos olhos, e muito menos ver nossos "motivos". E escolher para nossa companhia aquele vício malicioso e alegre, a cortesia. E permanecer senhor de nossas quatro virtudes, a coragem, a percepção, a compaixão e a solidão. Pois a solidão é uma virtude nossa sublime, determinada e que tende ao asseio, que advinha que o contato do homem com o homem — "em sociedade" — deve ser inevitavelmente impuro. Toda sociedade nos transforma, de alguma maneira, em algum lugar, ou em algum momento — em "pessoas vulgares".

285 — Os maiores acontecimentos e pensamentos — os maiores pensamentos, no entanto, são os grandes acontecimentos —, os que demoram mais para serem compreendidos: as gerações contemporâneas deles não os *VIVENCIAM* — vivem à margem deles. Algo parecido com o que ocorre no reino das estrelas. A luz das estrelas mais longínquas é a que demora

mais tempo para chegar até ao homem e enquanto não chega, o homem *NEGA* — que existam estrelas ali. "Quantos séculos são necessários para que um espírito seja compreendido?" — isso também é uma gradação hierárquica e uma etiqueta com a qual se estabelece o que é necessário tanto para o espírito quanto para a estrela.

286 — "Aqui a visão é livre, o espírito elevado."[11] — Mas há um tipo inverso de homem, que também está nas alturas e tem também uma visão livre — mas olha *PARA BAIXO*.

287 — O que é nobre? O que a palavra "nobre" ainda significa atualmente para nós? Como o homem nobre se trai e como se reconhece sob este céu escuro e pesado do início do domínio da plebe, que torna tudo opaco e cinzento? — não são suas ações que estabelecem seu direito — as ações são sempre ambíguas, sempre inescrutáveis; tampouco são as suas "obras". São encontrados hoje entre os artistas e os eruditos muitos que revelam, com suas obras, como um anseio profundo os impele para a nobreza; mas essa própria *NECESSIDADE* de nobreza é fundamentalmente diferente das necessidades da alma nobre em si, e é de fato o sinal eloquente e perigoso da falta dela. Não são as obras, mas a *CRENÇA* que aqui determina a posição hierárquica — para empregar mais uma vez uma velha fórmula religiosa com um significado novo e mais profundo: é alguma

---

[11] Citação de Fausto II, de Goethe.

certeza fundamental que a alma nobre possui sobre si própria, algo que não é para ser procurado, para ser encontrado, nem talvez para ser perdido. — *A ALMA NOBRE TEM REVERÊNCIA POR SI MESMA*.

288 — Há homens que de modo inevitável possuem espírito, podem torcer e revirar-se à vontade, e colocar as mãos diante de seus olhos traiçoeiros (como se a mão não fosse traidora!); afinal de contas acaba-se por ver que eles possuem algo que escondem — ou seja: seu espírito. Um dos melhores meios sutis desse enganar, pelo menos durante o maior tempo possível, é o de fingir ser mais estúpido do que se é — o que na vida cotidiana é tão necessário quanto um guarda-chuva —, chama-se *ENTUSIASMO*, incluindo o que faz parte dele, por exemplo, a virtude. Pois como disse Galiani, que tinha obrigação de saber disso: *VERTU EST ENTHOUSIASME.*[12]

289 — Nos escritos de um eremita, ouve-se sempre um pouco do eco do deserto, algo dos tons murmurantes e dos olhos tímidos da solidão; em suas palavras mais fortes, até mesmo em seus gritos, soa ainda uma espécie nova e mais perigosa de silêncio, de emudecimento. Aquele que ficou dia e noite, ano após ano, sozinho com sua alma em íntima discórdia e diálogo, aquele que ficou em sua caverna — pode ser um labirinto, mas pode também ser uma mina de ouro — tornou-se um urso, um caçador de tesouro, ou guardião de tesouro e dragão: suas ideias acabarão

---

[12] Em latim: "virtude é entusiasmo".

por adquirir o tom do crepúsculo e o cheiro do mofo e das profundezas, algo incomunicável e repulsivo que sopra frio sobre os passantes. O eremita não acredita que um filósofo — supondo que um filósofo tenha sido sempre um eremita — expresse suas opiniões verdadeiras e conclusivas através de livros: os livros não são escritos precisamente para esconder o que há dentro das pessoas? — com efeito, ele vai duvidar se um filósofo *PODE* de fato ter opiniões "verdadeiras e conclusivas"; se por detrás da caverna dele não há, e deve necessariamente haver, outra caverna ainda mais profunda: um mundo mais amplo, mais estranho e mais rico além da superfície, um abismo atrás de cada razão, debaixo de cada "fundamento". Toda filosofia é uma filosofia de fachada — o veredito de um eremita é: "Há algo arbitrário no fato do FILÓSOFO ter parado aqui e olhado à sua volta; e que ele tenha colocado de lado sua pá *AQUI* sem ter cavado mais fundo — há também algo suspeito nisso". Toda filosofia também *ESCONDE* uma filosofia; toda opinião é também um ESCONDERIJO, toda palavra é também uma MÁSCARA.

290 — Todo pensador profundo tem mais receio de ser entendido do que ser mal entendido. Esta última hipótese talvez fira sua vaidade, mas a primeira fere seu coração, sua compaixão que sempre diz: "Ah, por que também *vocês* querem ter algo tão duro quanto eu?"

291 — O homem, esse animal COMPLEXO, hipócrita, astucioso e impenetrável, perigoso para

outros animais, mais por sua astúcia esperteza do que por sua força, inventou a boa consciência para desfrutar sua alma como algo SIMPLES; e toda moral é uma grande e corajosa falsificação, em virtude da qual geralmente se torna possível o prazer da alma ser vista. A partir desse ponto talvez haja muito mais do conceito da "arte" do que em geral se crê.

292 — Um filósofo: é o homem que vivencia, vê, ouve, suspeita, espera e sonha constantemente coisas extraordinárias; que é golpeado por seus próprios pensamentos como se eles viessem de fora, de cima e de baixo, como uma espécie *SUA* de acontecimentos e relâmpagos; que talvez ele próprio seja uma tempestade prenhe de novos relâmpagos; um homem fatídico, em torno do qual há sempre um rugido, um rosnado, um ganido assustador que se aproxima. Um filósofo: ai de mim, um ser que frequentemente foge de si, está quase sempre temendo a si mesmo — mas é curioso demais para não voltar sempre "para si mesmo"...

293 — O homem que diz: "Eu gosto disso, tomo-o para mim e pretendo guardá-lo e protegê-lo de todos"; o homem que pode levar adiante uma causa, tomar uma decisão, ser fiel a uma opinião, conservar uma mulher, punir e derrotar um audacioso; o homem que tem sua raiva e sua espada, e para quem os fracos, agoniados, os sofredores e até mesmo os animais desejam se submeter e pertencer; em resumo, o homem que *é SENHOR* por natureza — quando sente compaixão! Mas o que importa a compaixão dos que sofrem! Ou até mesmo dos que pregam a

compaixão! Hoje em quase toda a Europa, há uma irritabilidade e sensibilidade doentias em relação à dor e também uma incontinência exagerada no lamento, uma efeminação que com a ajuda da religião e da estupidez filosófica procura enfeitar-se como se fosse algo superior — há um verdadeiro culto ao sofrimento. *A FALTA DE VIRILIDADE* do que é chamado de "compaixão" por tais grupos de visionários é sempre, creio eu, a primeira coisa que chama atenção. — Deve-se de forma resoluta e radical proibir esta última espécie de mau gosto: e finalmente espero que contra isso as pessoas usem no coração e no peito o bom amuleto do "*GAI SABER*" (da "gaia ciência", em linguagem comum), como proteção.

294 — *O VÍCIO OLÍMPICO.* — A despeito do filósofo que como inglês genuíno tentou difamar o riso entre os seres pensantes — "o riso é uma doença grave da natureza humana, que todo o ser pensante vai se esforçar para superar" (Hobbes) —, eu até me permitiria uma classificação hierárquica dos filósofos segundo a qualidade de seu riso — até chegar ao topo onde ficariam os capazes de risadas *DOURADAS*. E supondo que os Deuses também costumem filosofar, no que estou bastante inclinado a acreditar, por diversas razões — estou certo de que eles também sabem rir de um modo sobre-humano e novo — e à custa de todas as coisas mais sérias! Os Deuses gostam do ridículo: parece que não conseguem deixar de rir até mesmo dos assuntos sagrados.

295 — O gênio do coração, como aquele grande misterioso possui, o deus — tentador e nascido caçador de ratos das consciências, cuja voz pode descer ao mundo mais inferior de todas as almas, que não fala uma palavra nem lança um olhar para onde não haja algum motivo ou um toque de tentação, e cuja perfeição lhe pertence porque sabe como parecer —, e não como ele é, mas pela maneira como atua sobre os seus seguidores, é uma compulsão *A MAIS* para que se juntem ainda mais a ele, para segui-lo mais íntima e completamente: — o gênio do coração, o que impõe silêncio e atenção sobre tudo o que é estridente e presunçoso, que alisa as almas ásperas e as faz provar de um novo anseio — a ficarem imóveis e plácidas como um espelho, para que os céus profundos possam nelas se refletir —; o gênio do coração que ensina a mão desajeitada e demasiadamente apressada a hesitar e agarrar com mais delicadeza; que pressente o tesouro escondido e esquecido, a gota de bondade e a espiritualidade doce sob o gelo espesso e escuro, e é uma vara de condão pronta a localizar todo grão de ouro que há muito ficou enterrado e aprisionado na lama e na areia; o gênio do coração de cujo contato cada um sai mais rico; não favorecido ou surpreso, não gratificado ou oprimido pelas boas coisas alheias; porém mais rico em si mesmo, mais novo do que antes, quebrado, acariciado por um vento terno; mais incerto, talvez, mais delicado, mais frágil, mais fraco, porém cheio de esperanças para as quais ainda faltam nomes, cheio de nova vontade e energia, cheio de uma nova má vontade e

apatia... Mas o que faço, meus amigos? De quem estou lhes falando? Terei me esquecido tanto que até agora não lhes disse o seu nome? A menos que já tenham adivinhado por sua própria conta quem é esse deus e espírito questionável, que deseja ser *LOUVADO* de tal maneira? Porque, como acontece a todo aquele que da infância em diante tenha sempre caminhado e visitado terras estrangeiras, da mesma encontrei eu, também, em meu caminho muitos espíritos estranhos e perigosos; sobre aquele que, entretanto, mais uma vez acabei de falar: de fato, ninguém menos do que o deus *DIONÍSO*, o grande ambíguo e tentador a quem, como sabem, ofereci certa vez com todo o sigilo e reverência o meu primogênito — como o último, se não me engano, a oferecer a ele um *SACRIFÍCIO*: pois não encontrei ninguém que pudesse entender o que eu fazia. Entretanto, aprendi muito, muito mesmo, sobre a filosofia desse deus, e, como disse, de boca em boca — eu, o último discípulo e iniciado do deus: e talvez eu possa finalmente começar a lhes dar, meus amigos, tanto quanto seja permitido, uma pequena amostra dessa filosofia? Em voz baixa, como convém: pois que ela tem a ver com muito do que é secreto, novo, estranho, maravilhoso e horripilante. O próprio fato de que Dionísio é um filósofo e que, portanto, deuses também podem filosofar, me parece uma novidade inofensiva que talvez levantasse suspeitas justamente entre os filósofos; — entre vocês, meus amigos, a resistência tem sido menor, exceto por chegar tarde demais e numa hora imprópria; pois, como me foi revelado, relutam em crer em deus e em deuses nestes dias. Pode ocorrer também que pela franqueza de minha história eu tenha de avançar mais do que seja agradável aos usos restritos dos seus ouvidos? É certo que o deus em questão foi mais longe, muito mais longe, em tais diálogos, e sempre esteve muitos passos adiante de mim... De fato, se isso fosse permitido, eu lhe faria, conforme o costume humano, belas cerimônias com pompa solene, eu louvaria sua corajosa pesquisa e descoberta, sua honestidade destemida, sua veracidade e amor à sabedoria. Mas tal deus não sabe o que fazer com toda essa pompa sem importância. "Guarda isso" é o que ele diria para ti, "para os iguais a ti e para quem mais precise! Eu — não tenho motivos para cobrir a minha nudez!" Suspeita-se que a uma divindade e filósofo como esse talvez falte pudor? — Ele disse certa vez: "Sob certas circunstâncias eu amo o ser humano" — e referiu-se assim a Ariadne que estava presente: "em minha opinião o homem é um animal agradável, corajoso e inventivo que não tem igual sobre a Terra, até dos labirintos ele consegue sair. Gosto do homem e penso sempre o que deve ser feito para melhorá-lo e torná-lo mais forte, mais malvado e mais profundo." — "Mais forte, mais malvado e mais profundo"? perguntei-lhe horrorizado. "Sim", disse ele novamente "mais forte, mais malvado e mais profundo; e também mais belo" — e em seguida o deus-tentador sorriu um sorriso alciônico como se fosse um cumprimento encantador. Aqui percebe-se logo que não é apenas vergonha que falta a essa divindade; no todo há boas razões para se supor que em algumas coisas todos os deuses podiam vir a nós, homens, em busca de aprendizado. Nós, homens, somos — mais humanos...

296 — Oh! Afinal, o que são vocês, meus pensamentos escritos e pintados! Há não muito tempo vocês eram tão matizados, jovens e maliciosos, cheios de espinhos e especiarias secretas que me faziam espirrar e rir — e agora? Já despiram sua novidade, e temo que alguns já estejam prontos para se tornarem verdades, de tão imortais, tão pateticamente honestos, tão tediosos que me parecem! E teria sido diferente antes? O que então nós, mandarins, podemos escrever e pintar com pincéis chineses, nós, imortalizadores de coisas que se *PRESTAM* a ser escritas, o que sozinhos somos *capazes* de pintar? Oh, apenas aquilo que está prestes a desvanecer e a perder seu aroma! Oh, apenas tempestades cansadas que se afastam e sentimentos covardes atrasados! Oh, apenas pássaros perdidos e cansados de voar e que agora se deixam capturar com a mão — com a *NOSSA* mão! Nós imortalizamos o que não pode mais viver e voar por muito tempo, apenas coisas exauridas e gastas! E isso é apenas para a sua *TARDE*, vocês, meus pensamentos escritos e pintados para os quais só eu possuo as cores, muitas cores, talvez, muitas suavidades multicores e cinquenta amarelos e marrons e verdes e vermelhos; mas com isso ninguém vai adivinhar como eram vocês em sua manhã, vocês, faíscas súbitas e maravilhas de minha solidão, vocês, meus velhos e amados — *MAUS* pensamentos!

# Dos altos do monte

De F. W. Nietzsche
(Tradução de L. A. Magnus)

1.
Oh meio dia da vida! Tempo de encantamento!
Ó jardim de verão!
Alegria agitada de olhar, espreitar, de ouvir com atenção: —
Olho à procura de amigos, estou pronto dia e noite,
Onde estão vocês, amigos? A hora é essa!

2.
Não foi para vocês que o cinza da geleira: —
Hoje se enfeitou de rosas?
O riacho os procura e ansiosos acorrem
O vento e a nuvem mais altos para o azul,
Para espioná-los de longe, como fazem as águias.

3.
Minha mesa foi posta nas alturas para vocês: —
Quem mora assim tão perto
Das estrelas, tão perto do terrível abismo abaixo?
Meu reino — que reino se estendeu longe assim?
Meu mel — quem foi que provou sua fragrância?...

4.

Amigos, *aí* estão vocês! Infelizmente não sou *eu*
Aquele a quem procuram?
Vocês hesitam espantados — oh, melhor se sua ira pudesse falar!
Eu — não *sou* eu? Trocados foram a minha mão, o rosto, o andar?
E o que sou eu, amigos — agora não *sou* eu?

5.

Sou algum outro? Eu e um estranho de mim?
De mim mesmo resultado?
Um lutador que muitas vezes torceu-se a si mesmo?
Muitas vezes se opôs à própria força?
Ferido e obstruído pela própria vitória?

6.

Olhei para onde o vento soprava mais afiado? Lá
Aprendi a viver
Onde ninguém vive, em zonas áridas do urso polar,
E desaprendi o Homem e Deus, maldição e oração?
Tornei-me um fantasma que assombra as geleiras nuas?

7.

— Vocês, meus velhos amigos! Vejam! Agora estão pálidos,
De amor pleno e de horror!
Não, vão! Porém sem raiva. Aqui — não poderiam viver:

Aqui, no distante reino entre gelo e pedra —
Aqui tem que ser como o caçador, como a cabra montesa.

8.
Era eu um caçador *malvado*? Olhem quão tenso
Ficou o meu arco!
Mais forte é aquele que conseguiu tal tensão —
Ai, agora! Perigosa é essa flecha,
Como nenhuma flecha —, fora daqui! Para sua salvação!...

9.
Vão! Ó coração aguentaste bastante,
Forte foi tua esperança:
Abre bem tuas portas para *novos* amigos,
Deixa os velhos. Manda a memória embora!
Tu já foste jovem, agora — estás ainda mais jovem!

10.
O que uma vez nos uniu, o laço de uma esperança —,
Quem lê agora os sinais,
Desvanecidos, agora, que o Amor um dia escreveu?
É comparado a um pergaminho, que a mão tem *receio*
De tocar — como folhas quebradiças, todas murchas, todas secas.

11.

Oh! Nem mais amigos são! Eles são — de que nome vou chamá-los? —

Só de fantasmas de amigos!

Batem, à noite, em meu coração e minha janela,

Olham para mim e falam: "*Éramos* amigos" e partem

— Ó palavras murchas, um dia perfumadas como rosas!

12.

Os anseios da juventude que era mal compreendida!

Por quem eu ansiava,

E que imaginava transformados como eu, aparentados comigo:

Mas *envelheceram*, e assim foram condenados e banidos:

Somente aqueles que mudam são semelhantes a mim.

13.

Ó meio-dia da vida! Minha segunda juventude!

Ó meu jardim de verão!

Alegria agitada de olhar, espreitar, ouvir com atenção!

Olho à procura de amigos, estou pronto dia e noite,

Para os meus novos amigos! Venham! A hora é essa!

14.
Esta canção terminou —, o grito doce e triste do pesar
Morre na boca:
Um mago a escreveu, o amigo da hora certa,
O amigo do meio-dia —, não! não me perguntem quem ele é —
Foi ao meio-dia, quando um tornou-se dois.

15.
Comemoremos juntos, certos de nossa vitória,
A festa das festas
O amigo Zaratustra veio, o convidado dos convidados!
Agora o mundo ri, a cortina do medo foi rasgada,
Luz e Trevas se casaram ao amanhecer.

IMPRESSO EM PAPEL
Pólen®
mais prazer em ler